데이비드 스톤 마틴의 멋진 세계

DEBUIDDO SUTON MATEIN NO SUBARASHII SEKAI
by Haruki Murakami

Copyright © 2024 Harukimurakami Archival Labyrinth
All rights reserved.

Originally published in Japan by Bungeishunju Ltd., Tokyo.
Korean translation rights arranged with Harukimurakami Archival Labyrinth, Japan
through THE SAKAI AGENCY and ERIC YANG AGENCY.

Korean translation copyright © 2025 MUNHAKDONGNE Publishing Corp.

이 책의 한국어판 저작권은
THE SAKAI AGENCY와 ERIC YANG AGENCY를 통해
저작권자와 독점 계약한 ㈜문학동네에 있습니다.
저작권법에 의해 한국 내에서 보호를 받는 저작물이므로
무단 전재 및 무단 복제를 금합니다.

데이비드
스톤 마틴의
멋진
세계

DAVID STONE
MARTIN

무라카미
하루키

MURAKAMI
HARUKI

홍은주 옮김

문학동네

일러두기

1. 주석은 모두 옮긴이주다.
2. 본문 중 방점은 원서의 표시에 따른 것이다.
3. 단행본은 『 』, 단편소설 및 잡지는 「 」, 앨범명은 《 》, 곡명은 〈 〉로 구분했다.

차례

DAVID STONE MARTIN

MURAKAMI HARUKI

시작하는 말 7

찰리 파커 ı 알토 색소폰 17
조니 호지스 ı 알토 색소폰 24
일리노이 자케 ı 테너 색소폰 30
스탠 게츠 ı 테너 색소폰 37
레스터 영 ı 테너 색소폰 43
플립 필립스 ı 테너 색소폰 50
색소폰 이모저모 56
아티 쇼와 버디 디프랭코 ı 클라리넷 62
트롬본 이모저모 68
트럼펫 이모저모 73
버드 파월 ı 피아노 79
아트 테이텀 ı 피아노 84
오스카 피터슨 1 ı 피아노 89
오스카 피터슨 2 ı 피아노 94
피아노 이모저모 101
라이어널 햄프턴 ı 비브라폰 108

탤 팔로 ı 기타 113
진 크루파 ı 드럼 118
버디 리치와 루이 벨슨 ı 드럼 123
카운트 베이시 128
딕시랜드 재즈 134
그 밖의 악기 141
컴필레이션 148
빌리 홀리데이 ı 보컬 155
보컬 이모저모 160
10인치반(및 SP반) JATP 166
12인치반 JATP 176
박스 세트 JATP 등 182
노먼 그랜츠 잼 세션 188
클레프/노그랜/버브 외
DSM이 디자인한 재킷 195
이후 DSM이 디자인한 재킷 202

시작하는 말

데이비드 스톤 마틴이 디자인한 재킷의 레코드를 의도적으로 모은 건 아니다. 노먼 그랜츠★가 제작한 클레프, 노그랜, 버브 레이블의 오래된 레코드를 여러 해 동안 사 모으는 사이 자연스레 그가 디자인한 음반이 수중에 쌓였을 뿐이다. 그가 디자인했다는 걸 모르고 산 음반도 적지 않다. 그래서 사고 보니 내용이 마음에 들지 않거나 음질이 불만족스러운 것은 비교적 미련 없이 처분하고 말았다. 지금 와서는 '아, 그거, 갖고 있을걸. 재킷만으로도 가치가 있는데……' 하고 후회하는 경우도 제법 있다.

나름대로 의식해서 DSM(데이비드 스톤 마틴)의 재킷을 모으게 된 것은 컬렉션이 대략

★ 재즈계의 전설적인 음반 프로듀서.

백 장을 넘었을 즈음이지 싶다. 그리고 현재는 이럭저럭 백팔십 장 정도 DSM 재킷을 가지고 있다. 여기 소개하는 것은 전부 내가 개인적으로 소장하며 일상적으로 듣고 있는 LP판이다. 인쇄의 질 등을 고려해 가능한 한 오리지널(원반)에 가까운 것을 싣고자 했으나(복제한 음반은 아무래도 색감이 미묘하게 다르므로), 어쩔 수 없이 일본반을 대용한 것도 있다. 일본 폴리도르사社는 레코드 제작에 정성을 들이기에 그 점은 고맙다.

  DSM은 평생에 걸쳐 광범위한 레코드 재킷을 디자인했는데, 클래식 음악부터 포크 송과 트래디셔널 블루스 등의 재킷도 다수 작업했다. 그가 손댄 북커버도 많다. 윌리엄 포크너의 초판본 상당수를 그가 디자인했다고 한다. 다만 나는 오로지 재즈 레코드만을 수집하기에 재즈 외의 것, 혹은 레코드 외의 형식에 대해서는 전부 감당할 수 없거니와, 솔직히 말해 거기까지 손을 뻗을 의욕도 시간 여유도 없다. 디자인 면에서 괄목할 만한 것이 많지만 그래도……

  개인적인 이야기지만, 나는 재즈 팬이고 오랫동안 레코드 구입을 취미로 즐겨오긴 했으나 결코 수집가는 아니(라고 생각한)다. 그래서 몇몇 예외는 있을지라도 레코드 한 장에 오천 엔 이상, 오십 달러 이상은 지불하지 않겠다고 내 나름의 규칙을 정해두었다. 그러지 않으면 취미나 게임의 범주를 훌쩍 벗어나고 말기에. 아무튼 수고와 시간을 들이고 발품을 팔아 부지런히 레코드를 찾아다닌다, 이것이 내 레코드 컬렉션의 철칙이다. 그러므로 귀중한 레코드를 입수할 기회는 그런대로 있었지만 비싼(골동품급) 가격이 매겨진 레코드에는 일절 손을 내밀지 않았다. 그런 연유로, 내가 여기서 여러분께 '개인 소장품'으로 소개하는 레코드는 DSM 작품의 완벽한 카탈로그가 아니며 중요한 작품도 적잖이 누락됐다. DSM이 디자인한 재킷은 재즈 팬 사이에 인기가 높고, 세계적인 수집가도 많으며, 나보다 훨씬 대량의 DSM 레코드를 소유한 분도 물론 계실 것이다. 그러니까 나 같은 사람이 이렇듯 넉살 좋게 나서는 것도 주제넘지만, 개인적인 'DSM 애호'이거니 여기고 이해해주시면 고맙겠다.

    내 경우―아마 대다수 DSM 팬이 그러리라 상상하지만―아무튼 DSM이 디자인한 레코드 재킷을 손에 들고 바라보는 것만으로 왠지 인생에서 조금 득을 본 듯한 기분이 든다. 그러므로 이것은 어디까지나 DSM이 디자인한 재킷을 주축으로 내가 재즈를 좋아하는 마음을 자유로이 이야기하는 책, 정도로 여겨주시면 기쁘겠다.

노먼 그랜츠가 1940년대부터 1950년대에 걸쳐 레코드를 제작하던 무렵, 레코드는 7인치반(45회전 EP)과 10인치반(25센티미터 LP)과 12인치반(30센티미터 LP) 세 종류로 발매됐다. 여기에는 규격을 둘러싼 RCA(45회전파派)와 컬럼비아(33회전파)의 갈등도 관계했다. 더욱이 초기에는 SP반(78회전)도 냈으니 수집하기가 여간 어려운 게 아니었다. 나는 SP반은 몇몇만 손에 넣고 어쩔 수 없이 단념했지만 7인치, 10인치, 12인치(본문에서는 7″, 10″, 12″로 표기)는 기회가 되면 각 포맷의 음반을 구하려고 애쓴다. 그중에서도 특히 DSM의 디자인은 10인치반 사이즈에서 단연 탁월하지 않나 싶다. 그가 대부분 10인치반을 기준으로 작업했기 때문이다. 그래서 그 디자인을 12인치반에 그대로 적용하면 다소 느슨한 인상을 줄 때도 있다.

DSM은 1913년 미국 일리노이주 시카고에서 태어나 1992년 세상을 떠났다. 본명은 데이비드 리빙스턴 마틴. 어렸을 때 "리빙스턴 박사님이시죠?"라는 뻔한 말(미국 기자 스탠리가 아프리카 오지에서 리빙스턴 박사를 만났을 때 한 말)로 놀림받는 것이 싫어서 미들 네임을 스톤으로 바꾸었다. 결과적으로 꽤 멋진 미들 네임이 되었다.

장로파 목사의 아들로 태어난 그는 어릴 때 그림에 재능을 보여 시카고

미술학교에서 공부한 뒤, 열다섯 살 위의 화가 벤 샨을 만나 뉴딜 정책 관련 일을 함께하며 많은 면에서 지대한 영향을 받는다. 2차대전중에는 종군 화가로 전쟁터에 나가 현장에서 직업 화가의 기량을 갈고닦았다.

1944년 그는 '애시'라는 작은 레코드 회사와 인연을 맺고 레코드 재킷을 디자인하기 시작한다. 애시/스틴슨 레이블의 작업은 주로 SP 레코드 디자인이 많았다. 이 책에서는 그중 제임스 P. 존슨의 재킷 등을 다루었는데, 사회주의 리얼리즘 냄새가 짙게 감도는 상당한 역작이다. 또 애시와 일하던 이 시기에 그는 노먼 그랜츠와 알게 되어 JATP(Jazz at the Philharmonic)의 유명한 트럼펫 연주자 일러스트를 곁들인 레코드 재킷을 디자인했다. 이 트럼펫 연주자 일러스트는 그후 오래도록 JATP의 빛나는 상징이 되었으며, 그랜츠가 운영하는 레코드 레이블에서 사용됐다.

JATP 주최로 성공을 거두고 애시에서 독립한 노먼 그랜츠는 이윽고 자신의 레이블인 클레프를 설립하고(초기 판매처는 머큐리), 레코드 재킷 디자인을 DSM에게 대폭 맡기게 된다. 그때까지 재킷 디자인에 신경쓰는 레코드 회사는 거의 없었지만(요컨대 실용적인 포장지일 뿐이었다), 그랜츠는 과감하게 재킷에 품과 비용을 들였다. 그런 고급스러움을 상품에 입히고 전체적인 질을 높임으로써 전후 등장한 폭넓은 중산층 시장에 적극적으로 파고들고자 한 것이다. 그 점에서 그는 꽤 예리한 비즈니스 감각을 갖췄던 셈인데, 동시에 열성적이며 순수한 미술 애호가였다(경제적으로 성공한 뒤에는 유명한 파블로 피카소 수집가가 된다). 그랜츠는 젊은 DSM의 재능을 꿰뚫어보고 그 개성적 스타일에 매료되어, 그를 클레프라는 신흥 레이블의 '미술감독' 비슷한 자리에 앉혔다.

　DSM의 그림은 펜을 사용해 잘 조여진 심플한 선이 중심이고(짐작건대 벤 샨의 영향이 크다. 주로 크로퀼펜이라는, 과거에는 까마귀 깃털로 제작되던 둥근 펜을 애용했다), 거기에 담백한 단색이 곁들여진다. 그리고 그 화풍은 당시 인쇄기술 사정에 잘 들어맞았다. 당시는 (주로 경제적 이유로) 레코드 재킷에 많은 색채를 사용할 수 없었다. 또 기술적으로도 그다지 복잡한 색을 내지 못했다. 한마디로 말하자면, DSM의 화풍은 신선하고 참신한 동시에 '싸게 먹혔다'라고도 할 수 있다. DSM이 디자인하지 않은 클레프 레코드 재킷의 태반이 흑백사진이었던 데도 이러한 사정이 있었을 것이다(이 흑백사진 시리즈도 디자인 면에서 꽤 훌륭하지만).

　그렇게 DSM은 1940년대 후반부터 1950년대까지 노먼 그랜츠와 더불어 재즈 레코드를 잇달아 작업한다. 그야말로 DSM의 전성기다. 또 재즈의 전성기이기도 했다. 재즈는 빅 밴드 시대에서 소규모의 캄보 재즈 시대로 옮겨갔고, 클레프/노그랜 레코드는 그 물결을 타고 번성을 이어갔다. 당시 DSM의 붓(펜)의 움직임에는 망설임이라고는 없어 보인다. 작업량이 워낙 많았던 탓에 그림이 어느 정도 정형화하는 경향은 있었으나 '그 정형화한 디자인이 뭐라 말할 수 없이 좋은' 행복한 경지에 이르렀다. 그는 뮤지션들과 개인적 친교를 맺고 녹음 스튜디오에 빈번히 드나들며 각 연주자의 성격과 습관과 표정 변화 등을 이해하고 그것을 토대로 그들의 모습을 그렸다. 재즈라는 음악을 좋아했고, 재즈 맨이라는 인종을 좋아했던 것이다. 그렇기에 그의 재킷에서는 따스한 인간미와 재즈의 리얼한 실황감이 생생히 느껴진다. 또 여기저기 감도는 그의 유머 감각도 놓쳐서는 안 된다.

   DSM이 디자인한 대부분의 레코드 재킷에는 귀퉁이에 독특한 서체로 David Stone Martin이라는 이름이 들어가 있다. 그런 일이 허용되는 화가는 그를 제외하면 극히 드물었다. 전속은 아니었을 테지만 클레프/노그랜(1956년 두 레이블은 버브라는 새 레이블에 흡수된다) 이외 레코드 회사의 작업은 몇 가지 예외를 제하면 거의 맡지 않았다(덕분에 많은 DSM 아류가 넓은 활약의 장을 얻게 되지만). 그리고 그랜츠가 아무래도 이 유니크한 디자이너에게 재킷 디자인에 대해 세세한 주문을 일절 내걸지 않았는지 DSM은 하고 싶은 대로, 한껏 자유로이 작업한 것으로 보인다. 그는 '재킷 디자인은 이래야지'라는 일반적 통념을 애초부터 무시한 듯하다. 사업적 효율 같은 것도 대체로 안중에 두지 않는다. 컬럼비아나 RCA 같은 메이저 레이블이라면 그런 자유는 결코 허용하지 않았을 것이다. 그랜츠는 DSM을 어지간히 믿고 신뢰했던 것이리라. 갖가지 유쾌한, 때로 수수께끼 같은 실험이 재킷 위에서 마음껏 펼쳐졌다. 그 점에서 두 사람은 좋은 콤비였다.

하지만 1960년 무렵을 경계로 재즈 환경이 크게 바뀌고, 그에 따라 그랜츠의 경영 방침도 서서히 변화해간다. 함께하는 뮤지션의 면면도 전과 달라진다. 클레프의 간판이던 찰리 파커, 레스터 영, 빌리 홀리데이는 이미 세상에 없고, JATP 같은 대규모 공연에도 대중은 싫증을 냈으며, 존 콜트레인과 오넷 콜먼, 빌 에번스 등 신세대 뮤지션이 대두한다. DSM은 그 새로운 음악 시장의 상황과 레코드 회사의 체질 변화에 점차 위화감을 품기 시작한 듯하다. 업계도 보다 화려하고 산뜻하며 이목을 끄는 디자인의 레코드 재킷을 요구하게 된다. 그리하여 오랫동안 이어졌던 DSM과 그랜츠의 밀월이 이쯤에서 일단 종료되고 두 사람의 공동작업은 중단된다. 이윽고 1961년, 그랜츠는 자신이 보유했던 버브 레이블을 전체 카탈로그를 포함해 삼백만 달러에 MGM에 매각한다(지금 와서 생각하면 그야말로 헐값이다).

그후 DSM의 작업이 남긴 궤적을 따라가기란 쉽지 않다. 무슨 사정인지 레코드 재킷 디자인에서 차츰 멀어졌다는 정도만 알려졌을 뿐이다. 그랜츠가 새로 시작한 레코드 회사 '파블로'를 위해 콜먼 호킨스의 앨범 《시리우스Sirius》를 디자인했지만, 파블로를 위한 작업은 이 하나로 끝났다. 미술학교에서 가르쳤다는 기록도 있다. 1960년대에는 「타임」 표지의 인물화를 여덟 차례 제작했으니(로버트 케네디도 그중 한 명), 주로 레코드 재킷 외의 작업에 관여했다는 말이리라.

DSM은 1977년 중증 발작을 일으켜 좌반신의 자유를 잃는다. 그럼에도 오른손으로 그림을 계속 그렸고, 오랜 지인 거스 스태티러스를 중심으로 한 재즈 레이블 '프로그레시브'의 의뢰를 받아 오랜만에 일련의 재킷 디자인에 착수했다. DSM의 이전 그림에 비해 색채가 확 밝아지고, 그림 속 뮤지션의 표정도 클레프와 일하던 시기보다 한결 둥그스름하며 온화해졌다. 세월이 흐르면서 화풍이 변화한 결과인지, 아니면 반신마비라는 핸디캡으로 심경의 변화라도 겪은 건지, 그 부분은 물론 본인만 알 일이다. 하지만 만년에 그가 여러모로 부자유한 몸으로 이만한 작업량을 착실히 소화했으며, 그 의욕적인 복귀를 우리가 이렇게 볼 수 (또 결과물을 손에 넣을 수) 있다는 것은 누가 뭐래도 멋진 일이다.

DSM의 레코드 재킷에 대한 마넥 다베르의 책이 일본에서 편집·제작되어(일영 대역으로) 『재즈 그래픽스』라는 제목으로 1991년 그래픽사에서 출간됐다. 그가 디자인한 레코드 재킷을 세심하게 망라해 수록한 매우 귀중한 자료다. 내 책도 거기 기술된 내용을 참고했다. 『재즈 그래픽스』 같은 가치 있는 책이 일본에서 제일 먼저 만들어진 데 찬탄을 금할 수 없다.

다만 유감스럽게도 현재 상당히 구하기 어려운 터라(나는 미국에서 옥션을 통해 입수했다), 그런 의미에서도 이 책(이번 기획)이 일본에서 DSM을 재평가하는 또다른 계기가 되어주기를 바란다. 또한 『재즈 그래픽스』라는 책은 주로 아트 디자인 면에서 DSM을 논했기에, 나로서는 보다 음악 쪽에 가까운 내용으로 채워보고 싶었다. 그런 연유로 DSM의 디자인이 아닌 (것으로 여겨지는) 재킷도 필요에 따라 몇 개 섞여 있다.

데이비드 스톤 마틴의 멋진 레코드 재킷의 세계를 찬찬히 음미해주시면 좋겠다. 그리고 가능하면 그 안에 담긴 음악에도 귀기울여주셨으면 한다. 그것들은 말할 필요도 없이 본래 혼연일체여야 할 존재이기에.

더불어 자료 체크 등은 무라이 고지 씨에게 신세를 졌다. 깊은 감사를 전한다.

찰리 파커
Charlie Parker
알토 색소폰

David Stone Martin
01

❶ With Strings (10")　　　　　　　　　　Clef MGC-501
❷ With Strings (10")　　　　　　　　　　Clef MGC-509
❸ South of the Border (10")　　　　　　 Clef MGC-513
❹ The Magnificent　　　　　　　　　　　Clef MGC-646
❺ Machito; Jazz with Flip & Bird (10")　　Clef MGC-511
❻ Charlie Parker; vol.7 Big Band (프랑스반)　프랑스Verve 817-448-1

비밥 음악의 상징이라 할 알토 색소폰 주자 찰리 파커는 그랜츠의 초기 클레프 레코드에 없어서는 안 될 중심 존재였다. 마약과 얽힌 갖가지 트러블을 일으켜 번번이 그랜츠를 조마조마 안절부절못하게 하면서도, 그는 클레프를 위해—완성도는 다소 들쭉날쭉했을지언정—
뛰어난 녹음본을 많이 남겼다. 그리고 그것은 말할 필요도 없이 재즈의 귀중한 기록이 되었다.

찰리 파커의 별명이 '버드'였기에 DSM은 파커의 레코드 재킷에 많은 새를 그렸다. ❹에서는 파커의 발밑에 새 한 마리가 눈을 부라리고 드러누워 있는데, 죽었는지 마약으로 의식을 잃었는지, 아니면 연주가 훌륭해서 실신해버린 건지 잘 알 수 없다. 판단할 길이 없다. 그 옆에는 검은 새 한 마리가 무언가를 애도하는 듯 침사묵고沈思默考하고 있다. DSM의 그림에는 이런 수수께끼 같은 디테일이 곧잘 등장해 그 안에 담긴 이야기를 상상해보는 즐거움이 있다. 하지만 보수적인 메이저 레이블이었다면 이런 유희는

'불건전한 것'으로 취급되어 결코 허용되지 않았을 테다.

❹ 이 '더 매그니피슨트The Magnificent'라는 제목의 12인치반에는 〈오 프리바브Au Privave〉〈스웨디시 슈냅스Swedish Schnapps〉를 포함한 네 세션이 수록됐는데 하나같이 완벽한 명곡 명연으로, 천마天馬가 하늘을 누비는 듯한 당시 파커의 선명하고 강력한 프레이징★을 흠뻑 만끽할 수 있다. 세션별로 사이드맨이 다소 바뀌어도 파커의 반짝임이 옅어지지 않는다.

❶❷ 유명한 《위드 스트링스With Strings》 세션은 10인치반에서 두 장으로 나뉘는데,

★ 음악을 자연스러운 악구로 구분해 연주하는 기법.

501에서는 콧수염을 기른 파커 옆에 이 오케스트라의 지휘자이자 오보에 주자인 미치 밀러의 모습이 작게 그려져 있다. 미치 밀러는 훗날 CBS 컬럼비아의 음악 부문 책임자가 되었다. 이 두 장의 10인치반은 빨강과 노랑을 기조로 한다. 어느 쪽이나 안에 담긴 훌륭한 음악과 잘 어우러지는, 잊기 힘든 재킷 디자인이다. 그에 비하면 나중에 한 장으로 합쳐진 버브 12인치반 디자인은 얼마나 평범한지!

❸ 《국경의 남쪽South of the Border》에서 투우사 모습의 파커도 강렬하다. 붉은색 소와 노란색 알토 색소폰의 대비도 완벽하다. 흠잡을 데 없다. DSM의 최고 걸작 중 하나라고 해도 틀린 말이 아닐 것이다.

❺ 마치토★의 리더 음반인데, 플립 필립스의 테너와 파커의 알토를 대대적으로 강조했다. 꽤 멋진 재킷이지만 공식적으로는 DSM의 디자인이 아니고 실제로 재킷에도 Dauber라는 서명이 있다. 엘리자베스 도버를 가리키는데, 도버 여사는 종종 DSM의 의뢰를 받아 그와 비슷한 화풍의 일러스트를 그려 클레프 레코드에 넘기곤 했다. DSM이 전체적인 아이디어를 내고, 도버 여사가 그림을 그린 걸로 추측된다. 그리고 DSM이 최종적으로 디자인을 체크했다. 요컨대 두 사람의 공동작업인 셈이다. 아마 작업

★ 쿠바계 미국인 가수로, 미국 최고의 쿠바 오케스트라에서 활약했다.

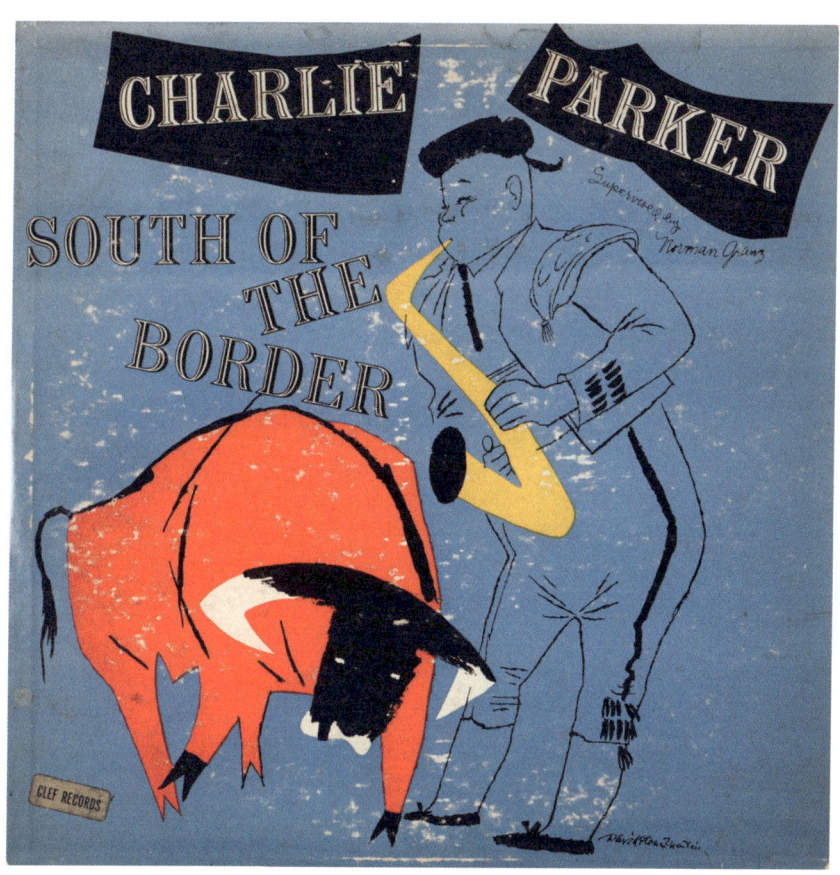

❺

의뢰가 끊임없이 밀려들어 DSM 혼자서는 다 감당할 수 없었으리라. 그래서 여기서는 DSM의 작업 중 하나로 취급했다. 비슷한 과정으로 제작된 재킷이 이 밖에도 몇 장 있다. 음악 면에서 보면 이 레코드는 늘 새로운 이디엄을 갈망하고 모색했던 파커가 라틴(아프로쿠반) 음악에서 많은 힌트를 얻고자 했음을 보여준다. 현대인의 귀로 들으면 딱히 자극적인 음악이란 생각은 들지 않지만.

❻

❻ 재킷 타이틀은 'Big Band'인데 클레프의 10인치반(MGC-609) 재킷을 그대로 가져왔을 뿐, 내용은 1952년부터 1953년에 걸쳐 그랜츠가 주최한 각종 세션을 그러모

은 것이다. 프랑스에서 편집한 음반이다. 전선에 큰 새 한 마리, 작은 새 몇 마리가 앉아 있다. 큰 새는 아마 파커일 테다.

조니 호지스
Johnny Hodges
알토 색소폰

David Stone Martin
02

❶ Dance Bash　　　　　　　　　　Norgran MGN-1024
❷ Collates (10″)　　　　　　　　　 Mercury MGC-111
❸ Collates no.2 (10″)　　　　　　　　Clef MGC-128
❹ Creamy (일본반)　　Norgran MGN-1045 (일본Poly.POJJ-1505)

조니 호지스는 1907년에 태어났다. 경력의 대부분을 듀크 엘링턴 악단의 솔리스트로 보냈다. 호지스 하면 엘링턴, 엘링턴 하면 호지스라 할 정도로 둘은 밀접한 관계다. 클레프/노그랜 및 버브에서도 리더로 참여한 많은 앨범을 남겼는데, 내가 옛날부터 변함없이 애청하는 것은 엘링턴과 함께한 스몰 캄보에서의 연주《백 투 백Back to Back》과 《사이드 바이 사이드Side By Side》두 장(세계는 실로 기분좋게 스윙한다), 그리고 얼 하인스와 함께한 《스트라이드 라이트Stride Right》다.

엘링턴 없는 엘링터니언들과의 연주는 솔직히 말해 그리 재미있진 않다. 호지스는 대장을 빼놓고 평소의 동료들과 기분좋게 연주했을 테지만 결과는 '대개 평소와 똑같은 느낌'이 되고 만다. 호지스쯤 되면 더 대담하고 의욕적으로 다양한 장르의 사람들과도 겨루어줬으면 싶은데. 그만한 실력을 겸비한 사람이니 엘링턴 영향권에서 벗어나 바깥공기를 좀더 적극적으로 들여왔더라면 좋지 않았을까. 그러나 분명 이 사람에게는 엘링턴의 공기가 뼛속까지 배어들어 있었을 테다. 뭐, 그것은 그것대로 멋진 일이지만.

❶ 《댄스 배시Dance Bash》도 해럴드 베이커(트럼펫)와 로런스 브라운(트롬본), 엘링턴 악단 동료를 기용한 칠중주로 음악의 질이 높고 호지스도 경쾌

하게 내달리지만, 아무래도 미지근한 물 같은 인상을 지울 수 없다. 앨범의 마지막 두 곡에 앨 히블러의 가창이 들어가는데 아마 싱글 히트를 노린 EP용일 것이다. 하지만 대담한 선으로 그린 레코드 재킷은 두말할 나위 없이 멋지다. '어디로 보나 조니 호지스'인 수수하고 남자다운 얼굴, 자신만만하게 뒤로 젖힌 자세, 그리고 발밑에 당근 하나가 야무지게 놓여 있다. 물론 호지스의 별명이 '래빗'임을 빗댄 것이다.

❷ 《컬레이츠Collates》의 재킷은 토끼가 가득하다. DSM은 이때다 하고 승부수라도 던지듯 토끼를 원 없이 그려놓았다. 대체 전부 몇 마리일까? 귀와 꼬리가 제각각 빨강 파랑 노랑 검정으로 물들어 무척 컬러풀하다. 연주 멤버는 로런스 브라운, 앨 시어스, 빌리 스트레이혼으로 낯익은 엘링턴 관계자가 대다수다. 모두 솜씨 좋은 뮤지션이고 완성된 음악의 질도 매우 높지만, 전체적으로 보면 앞에서도 썼다시피 역시 자극이 약간 모자란다. 참고로 토끼는 다 해서 스물두 마리였다. 당근은 아홉

❶

개. 한 마리는 테너 색소폰을 불고 있다.

❸ EP로 내놓은 연주를 10인치반에 모은 《컬레이츠》 시리즈 2탄. 연주도 좋지만 뭐니 뭐니 해도 재킷 그림이 일품이다. 세찬 빗줄기를 우왕좌왕 피하는 사람들. 강풍으로 우산이 뒤집혔다. 더블베이스를 짊어진 뮤지션도 쫄딱 젖어 안쓰럽다. 어째선지 인디언 추장도 있다(이 사람은 느긋하다). 그리고 물론 토끼들도.

❹ 1955년 녹음. 팔중주이고 멤버는 전원 순수 엘링터니언이다. 이 엘링터니언 한 사람 한 사람이 솔로를 맡아 솜씨를 겨루는 '발라드 메들리'는

지극히 그랜츠다운 기획인데, 전원 실력파 뮤지션인 만큼 빈틈없이 흥미로운 연주를 들려준다. 그리고 누가 뭐라 해도 훌륭한 것이 마지막에 호지스 대장이 연주하는 〈패션 플라워 Passion Flower(별칭 '패션')〉로, 그야말로 넋을 잃고 빠져들게 된다. 참고로 이 재킷에는 토끼가 한 마리도 보이지 않는다. 초록색과 빨간색과 크림색은 DSM에게 흔치 않은 조합인지도 모른다.

일리노이 자케
Illinois Jacquet
테너 색소폰

David Stone Martin
03

❶ Collates no.2 (10") — Clef MGC-129
❷ Port of Rico — Verve MGV-8085
❸ "The Kid" and "The Brute" — Clef MGC-680
❹ And His Orchestra (일본반) — Clef MGC-676 (일본Poly.POJJ-1507)
❺ Groovin' (일본반) — Clef MGC-702 (일본Poly.POJJ-1610)

흑인 테너 색소폰 주자 일리노이 자케의 팬이라는 사람을 나는 지금껏 만나보지 못했고 아마 앞으로도 만날 일이 없지 싶다. 그의 레코드를 몇 장 가지고 있지만 턴테이블에 올리는 일은 거의 없다(그럼 왜 그런 걸 가지고 있느냐는 말을 들을 것 같지만).

일리노이 자케는 때로 일리노이 자켓이라고도 표기되는데, 어느 쪽이 올바른 발음인지는 알 수 없다. 1922년 루이지애나주 브루사드에서 태어나(왜 일리노이라는 이름이 붙여졌는지도 불분명하다. 본명은 장바티스트 자케다) 2004년 세상을 떠났다. 1940년대 초기 라이어널 햄프턴 악단에서 〈플라잉 홈Flying Home〉의 솔로를 맡았는데 그것이 크게 히트해서 이름을 날렸다. 노먼 그랜츠는 프리랜서가 된 그를 JATP 콘서트에 종종 기용했고, 그의 장기인 기괴한 주법은 '흡사 기적소리 같다'고 비평가의 야유를 받았지만 당시 일반 청중의 반응은 열광적이었다.

그러나 그의 그런 스타일은 차츰 시대에 뒤처지게 되었고, 그후로도 오랫동안 현역 뮤지션으로 활동을 계속했으나 안타깝게도 후기 연주에서 주목할 만한 것은 별로 없다. 내가 잘 기억하는 것은 조니 하트먼이 임펄스에서 낸 앨범 《잠깐 인사하러 들렀어요 I Just Dropped by to Say Hello》에 담긴 자케의 솔로다. 하트먼의 차분하고 감미로운 가창 뒤에 들어오는(이랄까 난입하

는) 자케의 '기적소리' 솔로는 들을 때마다 의자에서 미끄러질 뻔한다.

❶ 《컬레이츠》는 1953년에 녹음된 것으로, 한 면에 두 세션씩 담겨 있다. 특히 A면에서는 카운트 베이시가 오르간을 연주하는데 이게 매력적이다. 베이시의 오르간, 행크 존스의 피아노, 레이 브라운의 더블베이스 조합에 가슴이 설레고, 또 전체 완성도도 즐길 만하다. 자케도 베이시 대장 앞이라 조심스러웠는지 연주가 기품 있게 억제되어 있다. 어느 곡이나 삼 분 이내라 홀가분하게 들을 수 있다는 점도 기분좋다. 이 10인치반 재킷은 지극히 DSM다운 멋진 디자인이지만 어째선지 DSM의 서명은 보이지 않는

다. 그러나 대담한 구도가 어디로 보나 DSM의 것이니, (어디까지나 추측이지만) 앞서 언급한 엘리자베스 도버 여사와의 공동작업으로 생각해도 괜찮지 않을까.

❸에는 일리노이 자케와 벤 웹스터라는 중량급 테너가 함께한 연주가 두 곡 담겨 있다. '키드'는 자케의 별명이다. 웹스터가 "이봐, 키드"라고 부르기 시작한 것이 기원이라고 한다. 한편 '브루트(야수)'는 웹스터의 실팍하고 우락부락한 체구를 보고 듀크 엘링턴이 붙인 별명이다. 그렇다고 해도 온후한 성품의 웹스터가 실제로 완력을 행사하는 일은 — 어지간히 만취한 때 말고는 — 거의 없었던 모양이지만.

두 사람의 솔로는 간단히 구별할 수 있다. 웹스터의 솔로가 부드럽고 매끈하다면, 자케의 솔로는 약간 경질이고 콧숨이 거칠다. 어느 쪽이 매력적이냐고 묻는다면 역시 웹스터다. 자케도 건투했지만 지금 와서 들으면 낡은 스타일이 도드라지고 만다. 그에 비하면 웹스터의 연주에는 시대를 초월하는 보편성 같은 것이 갖춰져 있다. 참고로 두 사람이 연주하는 것은 둘 다 자케가 작곡한 오리지널 곡이다. 나머지 네 트랙은 자케 자신의 밴드가 연주했다. 트롬본에 매슈 지, 바리톤 색소폰에 리오 파커를 배치했는데 특별히 관심을 끄는 내용은 아니다.

❹ 1955년 로스앤젤레스에서 녹음한 것. 함께한 뮤지션도 서부 해안에 거주하는 사람들로, 흥미로운 조합이다. 칼 퍼킨스(피아노), 제럴드 위긴스(오르간), 커티스 카운스(더블베이스)를 중심으로 한 리듬 섹션에, 베이시와 함께하던 시절의 동료였던 해리 '스위츠' 에디슨이 참여한다. 지극히 서부 해안다운 쇄탈한 사운드를 배경으로 평소와는 맛이 다른 경쾌한 플레이를 펼친다. 자케가 에디슨과 함께 만든 〈쿨 빌 Cool Bill〉이 베스트 트랙이다.

❺ 절반이 행크 존스, 진 레이미, 아트 블래키를 포함하는 오중주이고 나머지가 일리노이 자케의 형인 뤼셀 자케와 세실 페인을 포

함하는 칠중주인데, 전자가 월등히 매력적이다. 개인적인 호불호는 제쳐두고 그 남성적이고 굵은 사운드에 그런대로 설득력이 있다. 일리노이의 오리지널 곡 〈지친 블루스The Weary Blues〉가 꽤 그루비해서 멋지다.

스탠 게츠
Stan Getz
테너 색소폰

David Stone Martin
04

❶ Stan Getz Plays (10″) — Clef MGC-137
❷ At the Shrine (2LP box) — Norgran MGN-2000-2
❸ Hamp and Getz — Verve MGV-8128
❹ West Coast Jazz — Norgran MGN-1032

생각해보면 그랜츠 산하의 뮤지션은 흑인이 압도적으로 많다. 백인 뮤지션은 손꼽아 헤아릴 정도다. 그랜츠 개인의 취향도 있을 테고, 세상에서 흑인 차별을 철폐하고자 하는 강한 신념에서 비롯한 부분도 클 테다. 그럼에도 백인 테너 거장 스탠 게츠는 클레프/노그랜 레코드의 빛나는 스타였으며, 그가 마약을 얻으려 위장 강도극을 저지르고, 경찰에 체포되고, 도망치듯 미국을 떠나 유럽으로 이주한 뒤에도 그랜츠는 참을성 있게 게츠를 계속 기용했다. 이윽고 귀국한 게츠는 보사노바로 대히트를 기록하지만 그때 그랜츠는 이미 레코드 회사 경영에서 손을 뗀 뒤였다.

애니타 오데이의 흥미로운 자서전에 '클레프는 요컨대 처음부터 마약 중독 환자를 버팀대 삼아 성장한 레코드 회사였고 그랜츠는 그 점을 잘 이용했다' 같은 말이 나오는데, 스탠 게츠는 틀림없이 그 강력한 '버팀대' 중 한 사람이었다.

❶은 게츠가 그랜츠를 위해 행한 최초의 세션이자 일종의 몸풀기로, 잘 알려진 스탠더드★ 곡을 중심으로 매우 매끈하게 연주한다. 그런데 이 '매끈한 느낌'이 더할 나위 없이 훅 파고든다. 듀크 조던(피아노)과 지미 레이니(기타)를 중심에 앉힌 이 리듬 섹션에서는 그랜츠가 SP 시장을

★ 재즈 음악가들에 의해 널리 연주되고 다양한 버전으로도 잘 알려진 곡을 일컫는 말.

의식하기도 해서 게츠에게 솔로를 맡을 여지는 거의 주어지지 않았고 이 때문에 다소 미흡한 느낌이 든다. 그러나 게츠는 아랑곳하지 않고 마음 가는 대로 자기만의 세계를 구축해간다. 소품이지만 사랑스러운 앨범이다.

❷ 게츠로서는 클레프/노그랜으로 이적한 후 첫 라이브 녹음. 1954년 11월 8일, 교도소에서 출소한 지 얼마 되지 않아 열린 복귀 콘서트다. 그 사실을 알고 있는 청중도 무대에 등장하는 그를 열렬한 환호성으로 맞이한다. 칠천여 청중을 앞에 둔 긴장 탓인지 처음에는 어딘지 조심스러운 구석이 보이지만, 차츰 기분이 풀리고 익숙한 게츠다움이 흘러나와 청중의 마음을 확실히 사로잡아간다. 다만 무대를 함께한 밥 브룩마이어의 밸브 트롬본 솔로가 군데군데 멋없게 들리는 것이 단점이라면 단점이다. 게츠는 브룩마이어를 높이 평가한 모양인데, 나는 이 사람의 지극히 이론적인 연주가 어째 썩 좋아지지 않는다. 그럼에도 이 두 장짜리 LP《성지에서 At the Shrine》는 틀림없이 게츠의 대표작 중 하나

로 꼽을 수 있을 것이다. 게츠의 라이브 연주에는 듣는 이의 마음을 뒤흔드는 자연스럽고 솔직한 파워가 갖춰져 있고, 그 파워가 모든 것을 능가해나간다. DSM이 한색과 난색으로 나누어 그린 게츠의 모습은 그의 음악에 공존하는 쿨한 측면과 핫한 측면을 그대로 상징하는 것 같기도 하다.

❸ 비브라폰 주자 라이어널 햄프턴과의 경연. 그랜츠는 자신이 거느린 많은 뮤지션을 거의 '순열 조합'처럼 조합해 녹음했던 모양인데, 의외의 조합이 핫한 결과를 낳는 일이 많아서 그 확실한 안목이 '과연' 하고 감탄을 부른다. 게츠와 햄프턴 조합도 그런 의외의 성공

을 보여주는 일례로, 두 사람이 정면 승부로 핫한 플레이를 펼친다. 연주의 질도 매우 높다. 게츠도 진심, 햄프도 진심이다. 싱글벙글 모자를 들어올려 인사하는 두 사람. 재킷 그림도 일품이다.

❹ 맨발로 서 있는 남자의 뒷모습(하반신만). 매우 인상적인 재킷이다. 나는 이 그림을 DSM의 베스트 작품 중 하나로 꼽고 싶다.《햄프 앤드 게츠 Hamp and Getz》와 같은 시기에 마찬가지로 로스앤젤레스에서 녹음한 음반이다. 게츠가 영화 〈베니 굿맨 스토리〉에 출연하기 위해 할리우드에 머물고 있다는 사실을 안 그랜츠가 서부 해안으로 출장을 가서 현지의 일류 뮤지션을 끌어모아 마라톤 녹음을 했다. 게츠는 서부 해안 뮤지션들과의 교류가 마음 편했는지 사뭇 느긋한 연주를 펼친다. 동부 해안에서의 첨예한 결투 같은 요소는 거의 보이지 않는다.

레스터 영
Lester Young
테너 색소폰

David Stone Martin
05

---

❶ With the Oscar Peterson Trio #1 (10″)　　　　　　Norgran MGN-5
❷ Collates (10″)　　　　　　Mercury MGC-108
❸ Collates #2 (10″)　　　　　　Mercury MGC-124
❹ Pres and Sweets (일본반)　Norgran MGN-1043 (일본Poly.POJJ-1501)
❺ The President　　　　　　Norgran MGN-1005

레스터 영도 노먼 그랜츠가 끈기 있게 보살폈던 뮤지션 중 한 명이다. 솔직히 말해 만년의 레스터는 힘이 쇠해 안타까운 녹음을 적지 않게 남겼는데, 그랜츠는―빌리 홀리데이의 경우와 마찬가지로―그 모습을 마지막까지 충실하게 곁에서 지켰다. 뭘 그렇게까지……라고 생각하는 동시에, 남은 기력을 쥐어짜 악기를 쥐는 레스터의 모습에 감동하기도 한다.

여기 내놓은 다섯 장의 음반에서는 다소 들쭉날쭉하긴 해도 아직 기량을 충분히 발휘했던 시절 레스터의 연주를 즐길 수 있다. 특히 ❶《오스카 피터슨 트리오와 함께With the Oscar Peterson Trio》는 옛날부터 변함없이 즐겨 듣는 음반이다. 이 시기 레스터의 녹음본 중에서는 이 음반과 《프레스 앤드 테디Pres and Teddy》《더 재즈 자이언츠 1956 The Jazz Giants '56》까지 세 장이 특히 훌륭하다고 생각한다. 이건 그야말로 어른을 위한 재즈다.

이전부터 신기했는데, ❶-1·2《오스카 피터슨 트리오와 함께 #1》과 ❸《컬레이츠 #2》의 두 10인치반은 같은 디자인(색깔만 다름)인 반면 ❷《컬레이츠 #1(번호는 적혀 있지 않지만)》은 전혀 다른 디자인이다. 셋 다 DSM의 서명이 들어 있다. 어째서 이런 번거로운 모양새가 되었을까? 또 《오스카 피터슨 트리오와 함께 #1》은 재킷에 #1이 들어간 것과 들어가지 않은 것 두 종류다(레코드 번호는 같다). 이 시기 클레프/노그랜은 머큐리 레코드의

❶-1

❸

❶-2

판매망에서 이탈했는데, 거기서 무언가 혼란이 있지 않았나 짐작된다.

어쨌거나 오른손에 검(처럼 보이는 것)을 쥔 돈조반니풍 레스터의 모습은 상당히 매력적이다. 하지만 왜 레스터 영을 기사에 비유하는지 그 이유는 모른다. 레스터는 항상 평화와 안온을 찾았던, 상처받기 쉬운 성격이었기에 그런 사람에게 검을 쥐여준들…… 하는 의문이 남는다. 그래도 아마 DSM에게는 그 나름의 생각이 있었을 테다. 레스터 영은 그에게 영원히 빛나는 히어로였는지도 모른다.

❷ 《컬레이츠 #1》에서 DSM은 보기 드물게 사진을 사용했다. 초상화 주위에 펜화로 장식적인 식물을 곁들였다. 하지만 왼쪽 밑에 등장한 토끼는 수수께끼다(얼굴은 없지만 아마 토끼이지 싶다). 왜 토끼일까? 그림 속 풀을 먹으러 왔을까, 아니면 레스터가 연주하는 음색에 매료되어 찾아왔을까? 어쩌면 조니 '래빗' 호지스가 몰래 구경하러 온 걸까?

❷

❹ 카운트 베이시와 활동하던 시절의 동료였던 트럼펫 연주자 해리

'스위츠' 에디슨과의 공연반이다. 녹음은 1955년(Norgran MGN-1043). 리듬 섹션은 오스카 피터슨 트리오(허브 엘리스가 기타)에 버디 리치가 가세한다. 참고로 에디슨에게 '스위츠'라는 별명을 붙인 이는 레스터 영이다. 물론 그 달콤하고 매끄러운 음색을 빗댄 표현이지만, 안쪽에 도사린 다크하고 신랄한 일면을 꼬집는 뜻도 있다고 한다. 레스터는 별명을 붙이는 재주가 탁월했다.

프레스(레스터 영의 애칭)와 스위츠는 궁합도 좋아 보이고 매력적인 조합이지만 안타깝게도 이날 세션에서 두 사람은 만전의 상태가 아니라고 할까, 다소 실력 발휘를 못하는 느낌이다. 둘 다 솔로가 썩 예리하지 못하고 어딘가 따분하게 들린다. 딱 들어맞는 적절한 어휘를 잘 찾아내지 못하는 소설가처럼. "저기요, 원래는 이렇지 않잖아요" 하며 나도 모르게 등을 밀어주고 싶어진다.

❹

다만 베이시와 함께했던 시기의 친숙한 넘버 〈원 어클락 점프 One O'clock Jump〉에서 호흡을 되찾은 둘

❺

은 텐션이 확 높아진다. 마치 중요한 사실을 불현듯 떠올린 사람처럼. 특히 에디슨이 훌륭하다. 버디 리치의 열띤 드러밍도 유쾌하다.

❺ 포크파이햇★과 비딱하게 들고 부는 테너 색소폰은 레스터 영의 트레이드 마크 같은 것이었다. 이 12인치 앨범에는 1950년부터 1952년

★ 윗부분이 평평하고 몸체가 낮으며 챙이 살짝 말린 모자. 돼지고기 파이 모양을 닮아서 붙은 이름이다.

에 걸쳐 이뤄진 네 세션에서 고른 열 곡이 수록됐는데, 레스터는 오스카 피터슨 콰르텟 혹은 존 루이스 밴드와 더불어 '보컬이 들어간 곡'을 중심으로 술술 연주한다.

그림 속 테너 색소폰은 빨간색이지만 레스터 영이 빨간색 테너를 불었다는 기록은 없다(고 생각한다).

플립 필립스
Flip Phillips
테너 색소폰

David Stone Martin
06

- ❶ Flip Wails (일본반) — Clef MGC-691 (일본 Poly.POJJ-1556)
- ❷ Swinging with Flip — Clef MGC-692
- ❸ Collates — Clef MGC-109
- ❹ Flip Phillips Quartet (EP) — Clef EP-120
- 참고 Rock with Flip — Verve MGV-8116

플립 필립스는 1915년 태어난 백인 테너 색소폰 주자로, 2001년 여든여섯 살로 세상을 떠났다. 별명 '플립'은 박력 만점의 솔로로 청중을 뒤집어지게 한다★는 데서 유래한다.

1940년대에 필립스는 우디 허먼 악단(퍼스트 허드라 불린 제1기 단원들)의 가장 인기 있는 솔리스트로 오 년간 활약해 이름을 날렸다. 그리고 악단에서 독립해 나온 후에는 노먼 그랜츠가 주최하는 JATP 콘서트에 등용되어 인기를 누림으로써, 일리노이 자케와 더불어 'JATP의 얼굴'이나 다름없는 존재가 되었다. 주로 레스터 영의 영향을 받은 뛰어난 인재인데, 원래 빅 밴드 같은 집단 연주에서 특색(박력)을 발휘하는 사람으로, 스몰 캄보에서 주역을 떠안을 만한 즉석 연주자의 역량은 없기에 차츰 청중이 싫증 내게 된다. '꼭 이 사람이어야 한다'라는 매력이 보이지 않는다. 그런 연유로 지금은 거의 잊힌 존재가 되었다. JATP 활동을 하던 시기에는 〈퍼디도 Perdido〉에서 일리노이 자케와 겨룬 활달한 솔로가 가장 유명하다. 지금 들으면 그저 시끄럽게만 느껴지지만.

❶은 허먼 악단 시절의 동료인 트롬본의 명수 빌 해리스와 함께한 스몰 캄보의 연주를 모은 것이다. 녹음은 1950/51년이고 대부분의 수록곡을 삼 분 정도에 담

★ 영어 'flip'에는 '획 뒤집히다'는 뜻이 있다.

아냈는데, 아마 당시까지도 강력했던 SP 시장을 겨냥한 세션이었을 것이다. 그런 만큼 매우 조화롭지만 앨범을 다 듣고 나면 아무래도 '성에 차지 않는' 느낌이 남는다. 세상은 이미 새로운 시대에 발을 내디뎠는데 여전히 오래된 저고리를 걸치고 있는 듯한.

❷ 《플립과 함께 스윙을Swinging with Flip》은 간판을 잘못 내걸었다고 할까, 알맹이는 그 정도로 핫하게 스윙하지 않는다. 리듬 섹션은 오스카 피터슨 트리오＋드럼이라는 호화판이지만, 필립스 대장의 연주는 대체로 패기가 부족하다. 하지만 내용은 제쳐두고, 대담하게 춤추는 남녀를 담은 재킷 그림으로 이 레코드는 유명해졌다. DSM다운 생동감 있는 선화線畵가 약동적이고 근사하다. 젊은 커플이 사뭇 유쾌하게 춤을 즐기고 있다.

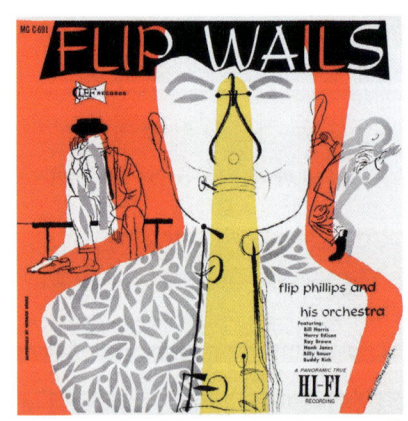

일리노이 자케도 그렇고 찰리 벤투라도 그렇고 필립스도 그렇고, 시대에 맞춰 스윙 재즈에서 밥 음악으로 절충적 변신을 꾀했으나 역시 결국은 어정쩡하게 끝나고 말았다. 오히려 벤 웹스터, 콜먼 호킨스,

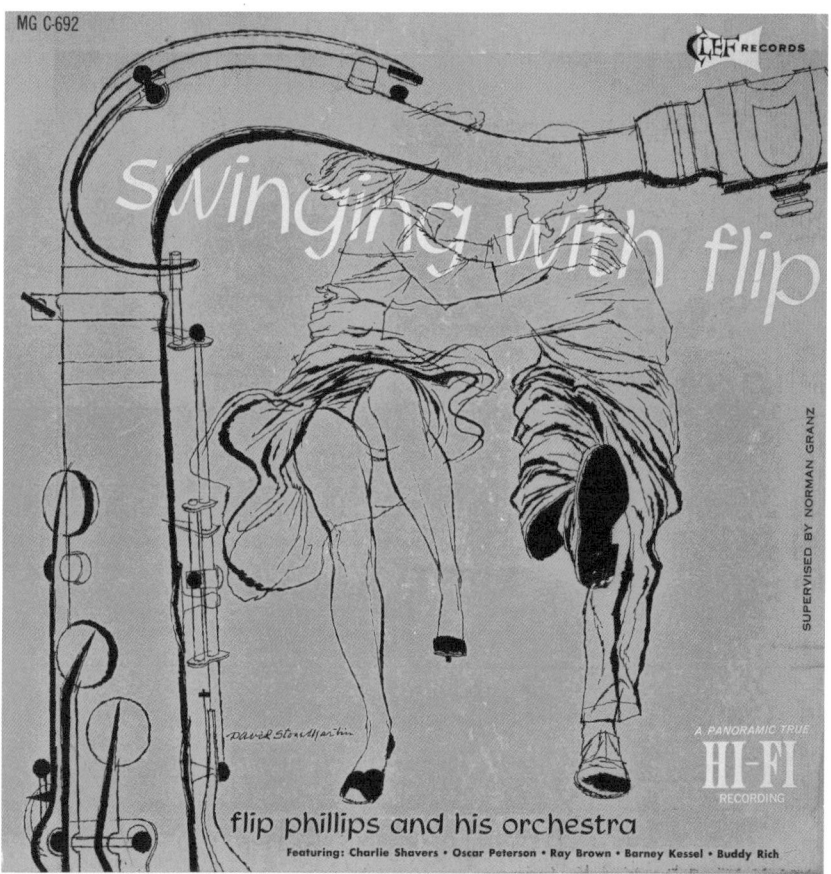

❸

❹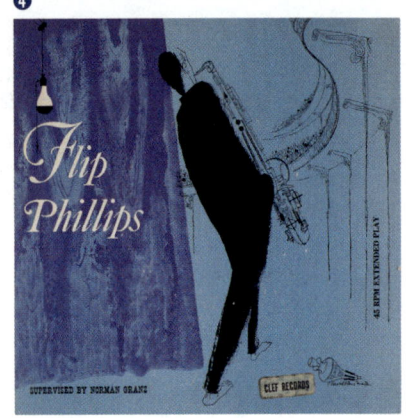

베니 카터처럼 도중에 '이만하면 됐다' 하고 깨끗이 돌아서서 이른바 '중간파' 스타일로 착지한 사람들이 무사히 살아남아 그 나름대로 뛰어난 녹음본도 남겼다.

❶ 테너 색소폰을 부는 필립스의 양옆으로 음악에 맞춰 춤추는 사람과 의자에 앉아 가만히 귀기울이는 사람이 그려진 재킷. '즐겁게 춤추건 지긋이 음악을 감상하건 뜻대로 하시라'는 DSM의 메시지일 테다. 뮤지션으로서도 어느 쪽에 맞춰야 할지, 사람에 따라서는 판단하기가 고민스러운 부분일 것이다. 그런 쉽지 않은 시대였다.

❸은 다양한 세션의 연주를 모은 것. 하워드 맥기, 베니 그린, 행크 존스가 함께 연주하며 훌륭한 맛을 낸다. DSM이 자동차를 그리는 일은 흔치 않은데, 여기서는 돌연(이유는 모르겠으나) 클래식 카가 등장한다. 피아노를 연주하면서 운전하기란 상당히 어려울 성싶다만.

❹ EP반이지만 행크 존스(피아노), 레이 브라운(더블베이스), 버디 리치(드럼)가 포진한 고품질 리듬 섹션을 배경으로 필립스가 경쾌하게 연주한다. 납득할 수 있는 솔로 연주다. 대회장에서 발코니의 청중을 향해 연주하는 필립스의 모습을 DSM은 화려하게 그렸는데 어째선지 맨발이다. 왜? 혹시 무좀? 이런 생각을 하기 시작하면 끝이 없는 DSM의 세계다.

참고 마지막으로 덤 하나. 이 재킷은 DSM의 디자인은 아니지만, 주크박스 앞에서 춤추는 남녀의 표정이 무척 근사해서 끼워넣었다. 앨범 제목은 수상쩍어도 반주가 피터슨 트리오+버디 리치, 일단 번듯한 재즈다.

참고

색소폰
이모저모

David Stone Martin
07

❶ Ben Webster; Music for Loving; With Strings   Norgran MGN-1018
❷ Benny Carter; Cosmopolite   Verve MGV-8160
❸ Charlie Ventura; Collates (10")   Clef MGC-117
❹ Charlie Ventura; Another Evening
　 with Charlie Ventura & Mary Ann McCall   Norgran MGN-1013
❺ Harry Carney; With Strings   Clef MGC-640
❻ Don Byas; Jazz at Saint-Germain Des Prés   Verve MGV-8119
❼ Charlie Barnet; One Night Stand #2 (EP)   Clef MGC-638

❶ 이 시기 그랜츠는 《위드 스트링스》 음반에 열중했는데, 솔직히 말해 찰리 파커 외의 것은 공들인 데 비하면 그다지 성공했다는 생각은 들지 않는다. 명장 웹스터만 해도 '뭐, 나쁘진 않다만' 정도로 끝난다. 편곡은 빌리 스트레이혼과 랠프 번스인데, '본래 잘 맞지 않는 걸 억지로 꿰맞춘' 느낌을 씻을 수 없다. 앨범에는 테디 윌슨이 들어간 콰르텟 편성(현악기 제외)으로 네 곡이 덤처럼 담겨 있는데, 이게 훌륭한 입가심이 된다. DSM은 음악과 어울리게 호리호리한 체형의 아름다운 여성을 특별한 연출 없이 쓱 그렸다.

❷ 베니 카터의 이 앨범도 현악기가 들어간 것이 절반 이상을 차지한다. 하지만 여기서 카터의 연주는 따뜻하고 차밍하다. 알토 색소폰의 음색과 프레이징이 현에 잘 배어든다. 재킷의 초상화도 훌륭하다. 카터의 인품이 고스란히 드러나는 듯하다. DSM은 뮤지션과 개인적으로 접촉해 미묘한 동작이며 버릇을 관찰하고 그 인상을 그림에 옮기는 일이

❶

많았다. 그렇기에 그림에 마음이 담겨 있다.

❸ 찰리 벤투라는 스윙 재즈(춤출 수 있는 재즈)에서 비밥(춤출 수 없는 재즈)으로 이행하는 시기에 활약한 폭넓은 스타일을 지닌 색소폰 주자다. 지금이야 역사 속 인물 그 이상도 이하도 아니지만 원래 실력 있는 플레이어고, 테너와 바리톤을 번갈아 불며 콘테 캔돌리(트럼펫)와 주고받는 연주는 과연 매력적이다. 그림 속 열쇠에 적힌 '108'이라는 숫자는 DSM이 당시 숙박했던 호텔 방 호수라고 한다.

❹ 제목으로 보건대 '보컬 이모저모' 항목에서 꼽은 《메리 앤 맥콜과 찰

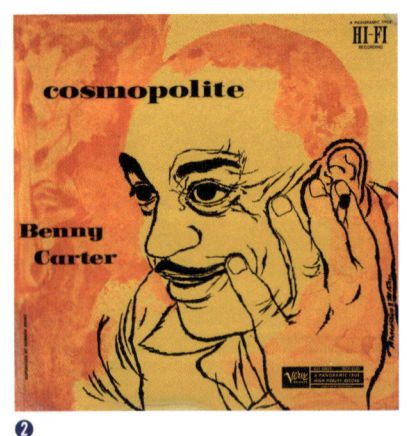

❷

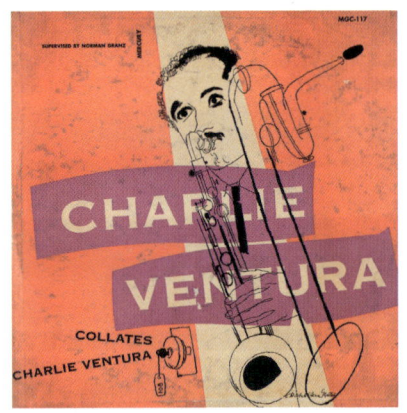

❸

리 벤투라가 함께하는 저녁An Evening with Mary Ann McCall and Charlie Ventura》의 속편에 해당하는 앨범이지 싶은데, 맥콜은 여기서 두 곡밖에 부르지 않는다. 근사한 재킷이지만 '딕시랜드 재즈' 항목에서 꼽은 샌토 페코라의 재킷에 사용한 그림을 그대로 가져왔다. 어지간히 마음에 들었던 걸까? 안에 담긴 음악은 '지금 들으면 좀……' 하는 타입이지만, 솜씨 좋은 멤버를 끌어모은 벤투라 악단의 사운드는 역시 원숙하다.

❺ 해리 카니는 무려 사십오 년간 엘링턴 악단에서 바리톤 색소폰을 담당한 순수 토박이 엘링터니언이다. 엘링턴은 이동할 때 반드시 카니가 운전

❹

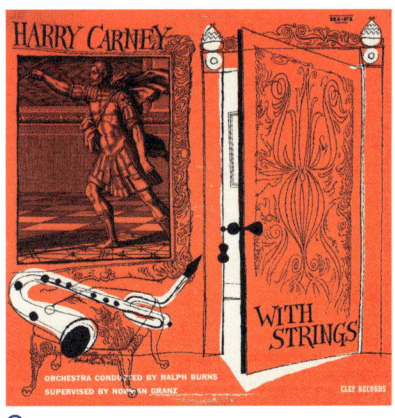
❺

하는 자동차를 탔다고 한다. 그 카니가 악단을 벗어나 솔로 앨범을 딱 한 장 제작했는데, 이게 또 현악기와 함께다. 감칠맛 나는 사운드 속에 카니의 굵직한 미음을 돋보이게 하려는 그랜츠의 노림수였을 테지만 완성된 음악은 적잖이 따분하다. 제아무리 카니라 한들 이 구성으로 바리톤 색소폰을 연주하기란 녹록지 않다. 다만 앨범 재킷은 매력적이다. 로마시대 검객 그림이 걸린 벽 옆에 반쯤 열린 문. 테이블에 바리톤 색소폰이 놓여 있다. 수수께끼 같은 분위기다. 바야흐로 무언가 이야기가 시작될 것 같다.

❻ 파리에 사는 테너 색소폰 주자 돈 바이어스가 1950년과 1952년 현지에서 녹음한 레코드. 원반은 프랑스 레이블 '블루스타'이지 싶다. 1950년 세션의 피아노는 역시 파리에 사는 아트 시먼스. 바이어스는 1946년 파리로 이주해 1972년 쉰아홉 살에 세상을 뜰 때까지 유럽에서 연주 활동을 계속했다. 이렇듯 미국의 극심한 인종 차별에서 벗어나 활동의 장을 유럽으로 옮기는 흑인 뮤지션이 많았다. DSM은 예술

❻

가들이 곧잘 모이던 생제르맹데프레 근처 카페의 남녀를 맵시 있게 그렸다. 바이어스는 콜먼 호킨스 계열의 테너지만 이 시점에서는 연주 스타일이 약간 고풍스럽게 울린다.

❼ 이 찰리 바넷의 레코드는 재킷에 반해서 집어오고 말았다. 녹음은 1954년이고 피트 캔돌리, 메이너드 퍼거슨, 윌리 스미스를 거느린 악단의 질이 그 나름대로 높지만 지금 와서 연주 자체는 특별히 재미있진 않다. 그나저나 이 해산물 식당의 진열창 정경이 꽤 괜찮다. 먹음직스럽다.

❼

아티 쇼와
버디 디프랭코
Artie Shaw and Buddy DeFranco

클라리넷

David Stone Martin
08

① Artie Shaw; Gramercy Five #2 (10") Clef MGC-160
② Artie Shaw; Gramercy Five #3 Clef MGC-630
③ Buddy DeFranco; The Music of (10") Norgan MGN-3
④ Buddy DeFranco; Pretty Moods (10") Norgan MGN-16
⑤ Buddy DeFranco; Quartet Norgran MGN-1026
⑥ Buddy DeFranco and Oscar Peterson Play George Gershwin Norgran MGN-1016

아티 쇼는 스윙 세대 클라리넷의 명인, 버디 디프랭코는 모던파 클라리넷의 귀재. 하지만 두 사람에게는 통하는 부분이 있다. 실제로 디프랭코는 선배 아티 쇼에게 헌정하는 앨범을 냈다.

❶ 쇼는 베니 굿맨과 마찬가지로 원래 빅 밴드 리더로 유명해진 사람인데, 뛰어난 클라리넷 독주자이기도 했다. '그래머시 파이브'라는 스몰 그룹을 이끌고 많은 레코드를 냈으나 초기 것은 하프시코드가 들어가거나 해서 재즈 팬에게는 평판이 좋지 않았다. 그래도 피아노 주자를 행크 존스로 교체한 뒤에는 차분하고 센스 좋은 재즈 음악이 되었다. 쇼의 클라리넷은 결코 구태의연하지 않다. 일본에서는 쇼를 그다지 높이 평가하지 않지만 이 언저리의 연주는 좀더 널리 들어줘도 좋지 않을까. 뭐, 재즈 클라리넷 자체를 사람들이 별로 듣지 않게 되었다는 사정도 있겠지만. 행크 존스 외에도 기타는 조 퓨마나 탤 팔로, 더블베이스는 토미 포터 등 모던파 뮤지션이 옆에서 지원한다.

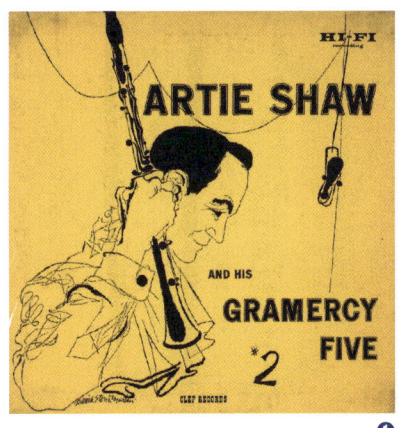

❷

❸

DSM은 ❷의 재킷에 훈장(처럼 보이는 것)이 든 악기 케이스를 그렸다. 쇼는 2차대전중 해군에 입대해 정력적으로 위문 공연 여행을 계속했는데(과달카날★까지 갔다), 그 공적으로 훈장을 받은 걸까. 하지만 아무리 그렇다 해도 악기 케이스에 훈장을 넣어 들고 다니진 않을 것이다.

디프랭코는 ❸에서 케니 드루(피아노), 밀트 힌턴(더블베이스), 아트 블래키(드럼) 등 기백 넘치는 비밥 뮤지션과 함께 연주하며 활달하고 모던한 클라리넷 솔로를 펼친다. 앞으로 나서는 날카로움과 한 걸음

★ 남태평양 솔로몬제도의 섬 중 하나.

뒤로 물러나는 상냥함이 잘 어우러진 독특한 디프랭코 스타일이다. 그랜츠는 디프랭코가 어지간히 마음에 들었는지 그가 리더를 맡은 앨범을 꽤 많이 냈다. 또 아트 테이텀이나 라이어널 햄프턴 같은 거장과도 함께 연주하게 했다(그리고 훌륭한 결과를 남겼다). 하지만 역시 JATP에는 별로 부르지 않은 모양이다. 일리노이 자케나 플립 필립스 같은 이른바 기적소리파 테너와 무대에서 겨루기에 클라리넷은 아무래도 소리가 너무 섬세하다. ❸의 재킷에는 클라리넷이 다섯 대 늘어서 있다. 이건 뭐 평범하지만, 천장에서 전구 소켓이 두 개 내려와 있는데 그중 하나는 알이 들어 있지 않다. 어째서일까? 아마 특별한 의미는 없으리라 생각하지만.

❹ 악기점 앞에 서 있는 중년 남자의 뒷모습을 그린 재킷. 아마 뮤지션인 듯 작은 악기 케이스를 옆구리에 끼고 있다. 진열창 안에 클라리넷이 네 대. 그 옆에 디킨스 소설에 나올 법한, 어딘가 으스스한 검은 옷을 입은 남자가 서 있다. 무슨 궁리를 하는지, 무얼 노리는지. 여기서도 무언가 기묘한 이야기가 시작될 듯하다. 디프랭코는 젊은 소니 클라크(피아노)의 트리오를 배경으로 거침없이 악기를 분다. 이런 조합을 실현시킨 그랜츠의 안목에 "호오, 그렇게 나온다고?"라고 감탄하게 된다.

❺ 디프랭코의 얼굴이 재킷을 가득 채웠다. 심플하고 대담한 선, 자연스

❹ 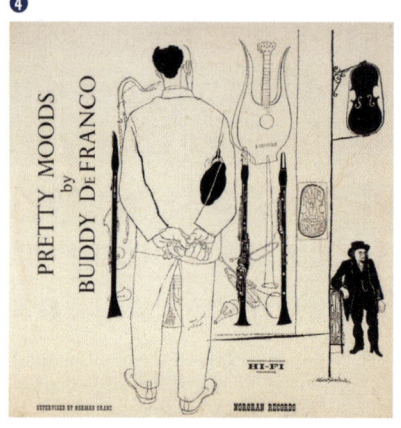 ❺

러운 표정의 움직임. 재킷만 보고 있어도 음악을 연주하는 기쁨 같은 것이 서서히 전해진다. 멤버는 ❸과 같지만 디프랭코와 드루가 각자 두 곡씩 오리지널 곡을 제공했다. 디프랭코는 아직 갓 서른 살, 케니 드루는 이십대 중반. 약동적이고 의욕 넘치는 앨범이다.

❻ 클라리넷을 부는 디프랭코, 피아노를 연주하는 피터슨, 액자에 든 조지 거슈윈, 빨강 파랑 노랑의 삼색으로 물든 세 사람의 모습이 매우 차밍하다. 디프랭코가 손에 쥔 것은 악기라기보다 꼭 검정 꽈배기 도넛처럼 보이지만. 현악 오케스트라가 뒤에 버티고 있는데, 디프랭코도 피터슨도 연주에 빈틈이 없으며 단순한 무드 음악으로 흘러가지 않는 부분이 훌륭하다.

트롬본
이모저모

David
Stone
Martin

09

❶ Lawrence Brown;
  Slide Trombone (일본반)　　　Clef MGC-682 (일본Poly.POJJ-1506)
❷ Bill Harris; Collates (10″)　　　　　　　　　　Clef MGC-125
❸ Bob Brookmeyer; Plays Bob Brookmeyer
  and Some Others　　　　　　　　　　　　Clef MGC-644

그랜츠 산하에 뮤지션은 많았지만 트롬본 주자가 부족했던 것은 명백하다. 로런스 브라운과 빌 해리스는 구세대에 속하고, 브룩마이어는 젊긴 해도 '신보수주의' 같은 분위기를 풍기는 사람이기에, 클레프/노그랜 레이블에서 위세 넘치는 모던파 트롬본 주자의 연주는 듣기 힘들다. 그랜츠가 JATP에 J. J. 존슨을 기용하는 일은 종종 있었지만.

❶ 로런스 브라운은 엘링턴 악단에서 오랫동안 리드 트롬본을 담당했던 사람으로, 프레이징은 다소 둔하지만 어택이 확실히 힘차다. 1955년에 녹음된 음반이다. 녹음은 두 번에 걸쳐 다른 날짜에 진행되었는데(한 번은 오중주, 한 번은 구중주로), 각 세션에 샘 테일러, 앨 콘 등 엘링터니언이 아닌 뮤지션을 기용한 데서 음악에 신선한 활기가 생겼다. 특히 샘 테일러는 〈할렘 녹턴Harlem Nocturne〉을 연주한 바로 그 사람이라고는 생각할 수 없을 정도로 약동감 있는 솔로를 들려준다. 두 세션을 비교하면 편곡(랠프 번스)이 들어가지 않은 오중주 편성 쪽이 현저히 재미있다.

❷

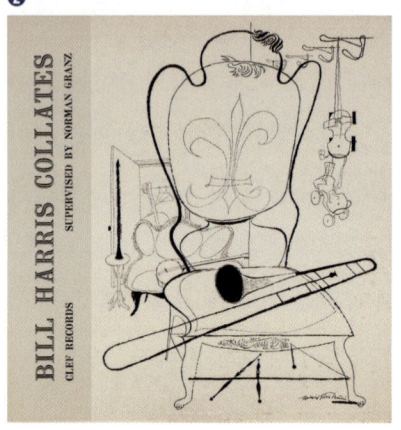

DSM은 '슬라이드 트롬본'이라는 앨범 제목에 걸맞게 슬라이드를 최대한 늘인 브라운의 모습을 위에서 굽어본 대담한 구도로 그렸다. 이 사람은 악기를 그리는 걸 좋아했구나, 하고 새삼 생각하게 된다.

❷ 빌 해리스의 앨범 재킷에는 트롬본, 클라리넷, 밴조, 더블베이스가 등장한다(참고로 연주에 밴조는 사용되지 않았다). 덤으로 롤러스케이트까지 벽에 걸려 있다(설마 조용하고 온후한 신사로 알려진 빌 해리스가 롤러스케이트 애호가였다고 생각하긴 힘들다만).

이 녹음 세션은 1952년에 두 번으로 나누어 이뤄졌다. 둘 다 빅 밴드에 가까운 편성으로, 피아노와 편곡은 우디 허먼 악단의 동료였던 랠프 번스가 맡았다. 빌 해리스는 우디 허먼 악단(퍼스트 허드)에서 솔리스트로 이름을 날려 당시 잡지의 인기투표에서 줄곧 트롬본 부문 1위를 지켰다. 과거 퍼스트 허드 시절 사운드의 재현을 노린 앨범일 테지만 좌우지간 랠프 번스의 편곡이 시끄러워서 해리스의 솔로에 차분히 귀기울일 수 없다. 오중주 편성 정도로 그의 개성적인 연주를 지긋이 듣고 싶었는데. 베스트 트랙은 〈글루미 선데이 Gloomy Sunday〉, 어려운 곡이지만 감정이 담긴 뛰어난 솔로다.

❸ 브룩마이어, 스물다섯 살 때의 녹음. 지미 롤스(피아노), 버디 클라크(더블베이스), 멜 루이스(드럼)라는 서부 해안 뮤지션과 더불어 전부 원 혼★으로 연주했다. 세 곡이 스탠더드, 네 곡이 브룩마이어의 오리지널이다. 1955년 1월, 스탠 게츠와 함께한 유명한 슈라인 오디토리엄 콘서트 직후에 녹음됐다. 밸브 트롬본의 뚜렷한 음색, 자신감 넘치는 프레이징, 앞으로 성장을 거듭할 젊은 연주자의 패기가 느껴진다. 지미 롤스의 바스락거리는 피아노 사운드도 멋지다. 브룩마이어는 내가 좋아하는 트롬본 주자라고는 할 수 없지만 실력은 인정한다. 다만 문득 따분하게 느껴지는 일이 때로 있을 뿐이다.

DSM은 힘찬 선으로 이 전도유망한 젊은이의 모습을 쓱쓱 그렸다.

★ one-horn. 관악기 주자가 한 사람인 편성.

트럼펫 이모저모

David Stone Martin
10

① Dizzy Gillespie; Dizzy and Strings — Norgran MGN-1023
② Dizzy Gillespie; The Modern Jazz Sextet — Norgran MGN-1076
③ Harry Edison; Mr. Swing — Verve MGV-8353
④ Roy Eldridge/Art Tatum/Alvin Stoller/John Simmons — Verve MGV-8064

DSM이 트럼펫 연주자 리더 앨범의 재킷 그림을 맡은 경우는 의외로 많지 않다. 목관악기 주자의 것은 많은데. 아마 우연의 결과일 테지만.

❶ 노그랜 레이블에서 이뤄진 디지 길레스피의 첫 녹음. 본인이 원해서 제작한 이 세션의 A면은 현악기 반주가 들어가 있는데, 조니 리처즈가 현악기 파트를 넣어 편곡한 것이다. 한 곡만 제외하고 나머지는 전부 편곡자의 오리지널 곡이다. B면은 버스터 하딩과 조니 리처즈가 편곡했다. 이쪽은 현악기가 들어가지 않는 일반적인 빅 밴드 편성. 곡은 전부 하딩과 길레스피가 함께 만든 오리지널 곡이다. 그런 점에서 이 앨범은 통상적인(많은) 무디한 《위드 스트링스》 앨범과 모양새가 완전히 다르며, 길레스피의 솔로에도 열의가 담겨 있다. 그러나 매우 아쉽게도 수록된 오리지널 곡이 하나같이 그다지 재미가 없다. 이 시기의 편곡자를 중시하는 기획에는 이런 것이 꽤 많다.

DSM은 길레스피가 특별히 제작한 끝이 꺾인 트럼펫과 현악기를 재킷에 그렸는데, 벽에 노란색 목발이 하나 기대어져 있다. 다리를 다친 뮤지션이라도 있었을까? DSM의 그림에는 종종 그런 '가까운 사람만 아는' 내밀한 이야깃거리가 흩뿌려져 있다. 아니면 그저 그때 왠지 목발을 그리고 싶었을 뿐일까?

❷ 길레스피와 소니 스팃, 밥 시대의 두 거장이 정면에서 맞붙은 불꽃 튀는 명반이다. 스팃은 평소 원 혼으로 연주하는 일이 많지만 다른 관악기 연주자와 함께하면 경쟁심을 활활 불태우는 타입이다. 때로 싸움을 거는 태도가 된다고 할까…… 물론 길레스피도 얌전히 물러나 있진 않는다. 그런 핫한 두 솔리스트의 등 뒤에서 쿨하게 피아노를 연주하는 이는 존 루이스. 스키터 베스트의 기타도 견실한 리듬을 새긴다. 상당히 흥미로운 조합이다. DSM이 그린 길레스피의 모습이 사뭇 유쾌해 보인다.

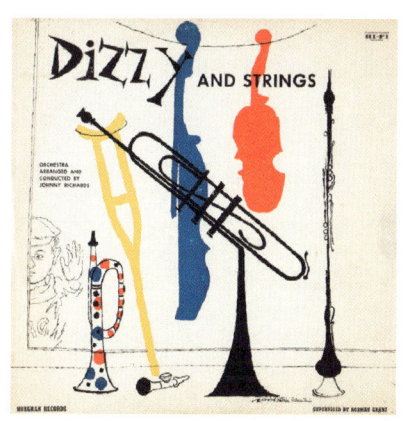

❶

❷

❸ 베이시 악단에서 십삼 년간 활약한 해리 에디슨이지만, 1950년 무렵에는 프리랜서로 전환해 많은 세션에 얼굴을 내밀었다. DSM은 여기서 (아마도) 에디슨의 두 손만 그렸다. 악기도 등장하지 않는다. 그려진 것은 그저 양손뿐. 대체 어떤 감정을 표현하려는 걸까? 스윙하는 손끝이라는 의미일까?

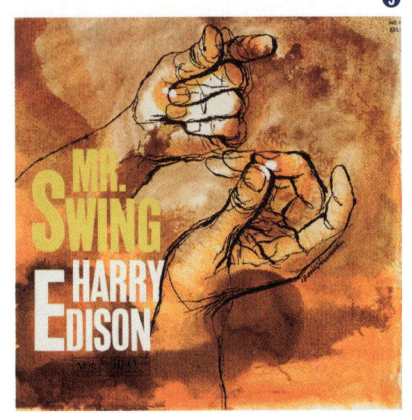

이 녹음 세션의 피아노는 세라 본의 반주자로 높은 평가를 받은 지미 존스, 리듬 기타는 베이시 악단 시절의 동료 프레디 그린이 맡았다. 테너 색소폰의 지미 포러스트도 합류했다. 수수하지만 탄탄하고 견실한 실력파가 한자리에 모였다. 특히 그린이 새기는 리듬이 마치 심장고동처럼 음악에 딱 맞는다. 로이 엘드리지의 음색에 기품 있는 감미로움을 더한 듯한 에디슨의 독특한 사운드는 아무리 들어도 질리지 않는다.

❹ 로이 엘드리지와 아트 테이텀, 두 전설의 첫 조합. 거기에 드럼의 앨빈 스톨러가 더해진 세 사람의 뒷모습을 DSM은 산뜻하게 그렸다. 작달막

한 엘드리지(별명 '리틀 재즈'), 당당한 체구의 테이텀, 호리호리한 키다리 스톨러…… 세 사람 다 어째선지 뒷짐을 지고 있다. 그런 삼인삼색의 뒷모습을 바라보는 것만으로 그들이 빚어내는 음악을 듣고 싶어진다.

테이텀은 관악기 연주자와 함께 무대를 꾸미는 일이 거의 없는 피아니스트지만(워낙 혼자 빈틈없이 소리를 깔아 메워버리는 사람인지라), 엘드리지는 밀리지 않고 거침없이 쳐들어간다. 테이텀은 끄떡없이 어디까지나 자기 페이스로 피아노를 연주할 따름이다. 인터플레이 따위 알 게 뭐람, 하고. 이 언저리에서 두 사람의 주거니 받거니가 매력적이다. 듣고 있으면 조금 조마조마하지만.

그랜츠는 테이텀과 여러 관악기 연주자를 조합해 녹음했는데, 성공한 예는 두말없이 벤 웹스터 그리고 다소 뒤지긴 해도 버디 디프랭코 정도가 아닐까 싶다.

버드 파월
Bud Powell
피아노

David Stone Martin

❶ Bud Powell's Moods   Verve MGV-8154
❷ Jazz Giant   Verve MGV-8153
❸ Piano Interpretations   Norgran MGN-1077
❹ Piano Interpretations   Verve MGV-8167

❶ 마치 로르샤흐 테스트★처럼 색깔이 다른 버드 파월의 옆얼굴이 마주보고 있다. 설마 파월의 분열증적 경향을 나타내는 건 아니겠지만(그는 한때 정신병원에 입원했다), '버드 파월의 무드Bud Powell's Moods'라는 제목으로 보건대 어딘지 불길한 느낌이 드는 앨범이다. A면 첫 곡 〈버몬트의 달빛 Moonlight in Vermont〉은 아름다운 발라드인데, 파월이 연주하면 그곳에 불안정한 공기가 자욱이 감도는 기분이 든다. 언제나 고빗사위에 서 있는 듯한 그의 연주는 결코 듣는 이를 편안하게 해주지 않는다. 완성도도 편차가 심하다. 그러나 진지하게 귀담아들을 준비가 된 사람에게는 늘 자양분이 그득한 깊은 샘 같은 연주다. DSM의 일러스트에는 그런 '고빗사위 느낌'이 촉촉이 떠다니는 듯하다.

❷에 그려진 것은 (아마도) 여행하는 버드 파월의 뒷모습. 먼발치의 그랜드 피아노를 지긋이 바라보고 있다. 어쩌면 긴 여행 끝에 마침내 피아노에 가닿았는지도 모른다. 아니면 아무래도 다가갈 수 없는 그 악기에 분노 혹은 동경을 품고 그곳에 가만히 서 있는지도 모른다. 당신은 어떤 식으로 해석하실지? 저녁놀 같은 붉은색이 인상적이다.

이 앨범에는 〈유수처럼 흐르는 시간Tempus

★ 잉크를 떨어뜨린 후 반으로 접었다 펼친 종이에 생긴 좌우 대칭 그림을 보며 진행하는 심리 검사.

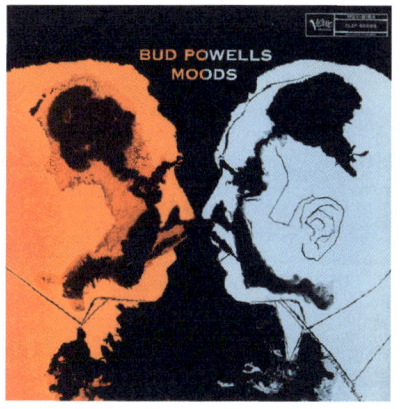

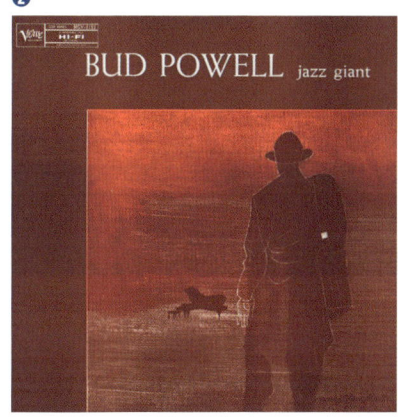

Fugue-it〉〈실리아Celia〉〈극비Strictly Confidential〉〈정말 미안해So Sorry, Please〉 같은 파월의 유명한 오리지널 곡이 수록됐는데, 몇 번을 들어도 매력적인 연주라 물리지 않는다. 더블베이스를 맡은 레이 브라운과 드럼의 맥스 로치도 뛰어나다. 파월이 클레프/노그랜에 남긴 다른 앨범은 전부 1954년부터 1956년의 녹음인데, 이 앨범은 1949년부터 1950년의 녹음이다(1951년부터 1953년까지는 정신병원에 입원해서 연주 활동은 하지 않았다). 이것은 파월의 두번째 리더 앨범이었다. 올곧고 망설임 없는, 오싹할 만큼 기백 넘치는 명연이다.

❸❹는 둘 다 같은 수록곡에 같은 재킷 디자인이지만, 오리지널 노그랜반은 파월의 좌반신이 노란색, 재발매된 버브반에서는 분홍색이다. DSM의 감수하에 색이 바뀌었는지 어땠는지는 알 수 없다. DSM은 피아노 건반 앞에서 생각에 잠긴 파월의 모습을 그렸다. 머리 위에 흐릿하게 떠 있는 먹구름은 과연 걷힐까? 파월의 오른쪽에 서 있는 네 줄의 검은 그림자는 대체 무엇일까? 이것저것 생각하기 시작하면 한도 끝도 없는 것이 DSM 그림의 특색이다.

이 앨범에서 함께한 사람은 조지 듀비비어(더블베이스)와 아트 테일러(드럼). 파월의 오리지널은 한 곡뿐이지만(대신 콜먼 호킨스와 찰리 파커의 오리지널 곡을 연주한다), 연주를 꿰뚫는 강인한 질주감이 역시 훌륭하다.

아트 테이텀
Art Tatum
피아노

David
Stone
Martin

12

❶ The Genius of Art Tatum #1　　　　Verve MGV-8036
❷ The Genius of Art Tatum #2　　　　Clef MGC-613
❸ The Genius of Art Tatum #3　　　　Clef MGC-614
❹ The Genius of Art Tatum #5　　　　Verve MGV-8040
❺ The Genius of Art Tatum #7　　　　Verve MGV-8056
❻ The Genius of Art Tatum #8　　　　Clef MGC-659
❼ The Genius of Art Tatum #10　　　 Verve MGV-8059

경이로운 테크닉으로 재즈 피아노의 역사를 새로 쓴 시각장애인 피아니스트(한쪽 눈은 희미하게 보였던 모양이지만) 아트 테이텀. 그에게 절대적인 존경심을 품었던 노먼 그랜츠는 전부 열한 장의 피아노 솔로 앨범을 반년이 안 되는 사이에 제작했다. 곡 수는 다 해서 백오십 곡에 이른다. 강렬한 마라톤 세션이다. 나는 그 열한 장 중 일곱 장을 모았는데 '뭐, 이 정도면 됐지' 싶다. 특별히 아트 테이텀의 열렬한 팬도 아니거니와.

시리즈의 #5(❹)까지는 피아노를 연주하는 테이텀의 모습을 담은 펜화다. 배경색의 조합이 다를 뿐이다. #6부터는 모양새가 확 바뀌어 테이텀의 얼굴이 재킷을 가득 채운다. 두 눈은 검게 칠해져 있다. 대담한 구도다. 그러나 안에 담긴 음악은 전혀 변한 게 없다. 테이텀은 자신이 아는 스탠더드 곡을 한 곡 한 곡씩 솔로로 막힘없이 연주한다. 그나저나 이렇게 많은 곡이 용케도 머릿속에 다 들어 있다. 감탄스러울 따름이다.

이렇게 많이 들으면 물리지 않을까? 아니, 물론 물린다. 하나같이 뛰어난 연주임이 분명하지만 하는 일은 기본적으로 대개 똑같으니까. 그래서 솔직히 이 이상 테이텀의 솔로 앨범을 사들일 기분은 별로 들지 않는다. 블라디미르 호로비츠가 누군가에게 이끌려 뉴욕의 재즈 클럽에 아트 테이텀의 연주를 들으러 간 일이 있다. 그 강인하고 화려한 테크닉에 호로비츠는

❶

❷

❸

❹

❺

❻

❼

감탄했지만, "또 들으러 가실래요?"라는 물음에는 고개를 젓고 "아뇨, 한 번으로 충분해요"라고 대답했다고 한다. 호로비츠의 기분을 나도 잘 안다. 테이텀은 1956년 불과 마흔일곱이라는 나이에 세상을 떠났는데, 좀더 오래 살았더라면 더 많은 솔로 앨범을 녹음했을지도 모른다.

  말은 이렇게 해도 이 시리즈 중에는 마음에 남는 연주도 많다. 이를테면 #2(❷)에 수록된 〈육체와 영혼Body And Soul〉이나 #3(❸)에 수록된 〈루이즈Louise〉, #8(❻)에 수록된 〈당신의 모든 것All The Things You Are〉은 옛날부터 개인적으로 마음에 들어서 종종 레코드를 턴테이블에 올리고 연주에 귀기울인다. 그리고 테이텀이 실제로 눈앞에서 이렇게 연주하는 현장에 있으면 분명 진심으로 경악하고 또 감동하리라 상상한다.

  나는 「기노木野」라는 단편소설에서 아내가 바람을 피워 이혼한 중년 남자가 골목 끝에 작은 바를 개업하고, 거기서 밤에 혼자 조용히 아트 테이텀의 레코드를 듣는 정경을 그렸다. 어쩌면 그런 식으로 들으면 테이텀 음악의 깊이를 한결 잘 이해할 수 있을지 모른다.

오스카 피터슨 1
Oscar Peterson
피아노

David Stone Martin

13

- ❶ Plays Cole Porter — Clef MGC-603
- ❷ Plays Irving Berlin — Clef MGC-604
- ❸ Plays George Gershwin — Clef MGC-605
- ❹ Plays Duke Ellington — Clef MGC-606
- ❺ Plays Jerome Kern — Clef MGC-623
- ❻ Plays Richard Rodgers — Clef MGC-624
- ❼ Plays Vincent Youmans — Clef MGC-625
- ❽ Plays Harold Arlen — Clef MGC-649
- ❾ Plays Jimmy McHugh — Clef MGC-650

오스카 피터슨은 작곡가별 작품집 시리즈를 두 번 냈는데, 이것은 먼저 나온 모노럴반(클레프)이다. 레이 브라운, 바니 케슬과 트리오로 연주한다. ❽과 ❾만 케슬이 빠지고 허브 엘리스가 기타를 담당했다. 스테레오반(버브)은 기타가 빠지고 드럼에 에드 시그펜이 들어

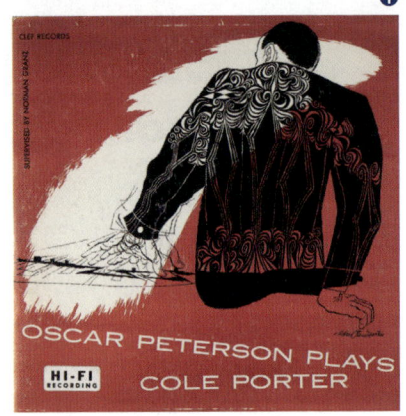

간 트리오 연주다. 양쪽 다 작곡가의 면면과 다룬 곡목은 거의 같다. 스테레오반 시리즈에서는 해리 워런과 빈센트 유먼스가 한 장에 담겼지만.

모노럴반 앨범은 전부 열 장 제작됐는데, 우리집에 있는 것은 아홉 장. 빠진 음반은 해리 워런 곡집(Clef MGC-648)이다. 조만간 마저 갖출 생각이다. 스테레오반은 다 해서 아홉 장, 이쪽은 빠짐없이 모았다.

DSM은 모노럴반 재킷에 전부 피터슨의 똑같은 뒷모습을 그렸다. 배경색만 다르다. 좌우지간 1952년부터 1954년에 걸쳐 빡빡한 일정으로 마라톤 녹음을 했던 시리즈라, 레코드가 잇따라 발매되는데 재킷을 일일이 따로 그리기 귀찮았는지 몰라도 이건 또 이것대로 일관성이 있어서 나쁘지

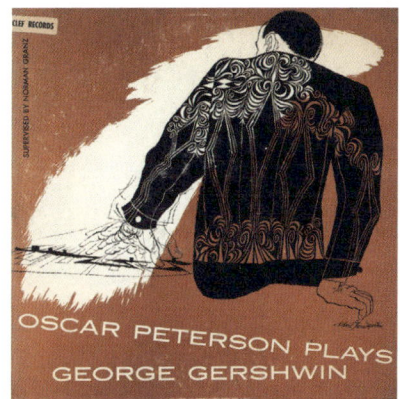

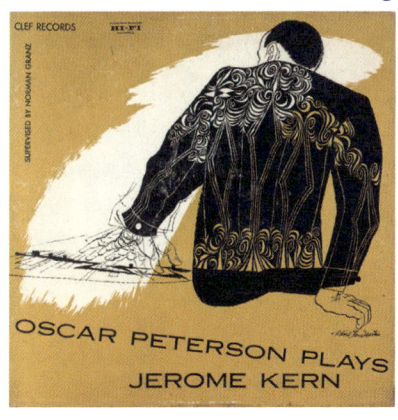

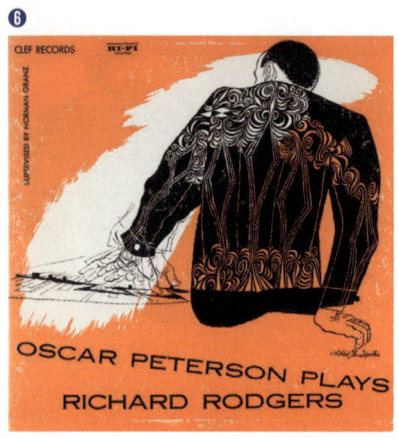

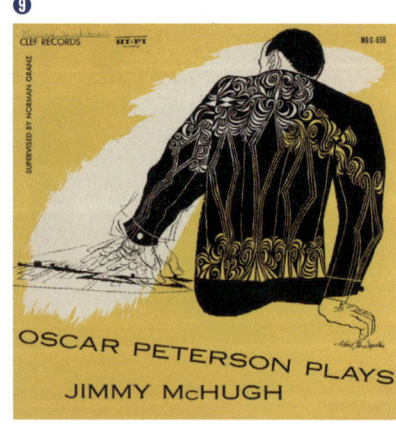

않다. 한자리에 줄지어 세워보면 꽤 아름답다. 스테레오반 재킷은 아홉 장 중 여섯 장을 멀 쇼어라는 화가가 담당했는데, 로맨틱한 분위기를 자아내 모노럴반과는 다른 통일감이 있다. 하지만 음악 완성도로 말하자면 모노럴반 시리즈가 훨씬 뛰어나다. 스테레오반은 어째 썩 흥이 나지 않는다.

여기에는 물론 원인이 있다. 우선 첫째, 드럼의 에드 시그펜이 합류한 지 얼마 되지 않아 그룹에 아직 잘 배어들지 못한 듯하다. 왠지 드럼소리가 잘 들리지 않는(혹은 들어가지 않은) 트랙이 많다. 그룹으로서 일체감이 별로 느껴지지 않는다. 둘째, 강행군 일정. 아무튼 1959년 7월 14일부터 8월 9일 사이에 LP 아홉 장분, 도합 백여섯 곡을 녹음했다. 이전에 녹음한 것과 거의 같은 곡목이라지만 말도 안 되는 중노동이다. 피터슨은 열심히 건투했으나 그런 혹독한 상황에서 만족스러운 음악이 나올 리 없다. 시카고 스튜디오에서 이뤄진 스테레오 녹음인데, 소리의 밸런스도 그다지 좋다고 할 수 없다. 모노럴의 깨끗한 음질에 비하면 어딘지 끈적거리는 느낌이다.

그런 연유로 이 작곡가 시리즈는 모노럴 구반을 듣는 걸로 충분하지 싶다. 그나저나 그랜츠는 왜 그런 무모한 일정을 감행했을까? 어쨌거나 피터슨이 그랜츠에게 몹시 혹사당했던 모양이다. 용케 몸이 버텼구나, 하는 감탄이 절로 나온다. 고생 많으셨습니다.

오스카 피터슨 2
Oscar Peterson
피아노

David Stone Martin

14

- ❶ Oscar Peterson Quartet — Clef MGC-688
- ❷ Oscar Peterson Quartet #2 (10") — Clef MGC-168
- ❸ At Carnegie (10") — Clef MGC-107
- ❹ Plays Pretty (10") — Clef MGC-119
- ❺ Piano Solos (10") — Clef MGC-106
- ❻ Collates (10") — Mercury MGC-110
- ❼ Collates #2 (10") — Clef MGC-127
- ❽ Porgy & Bess — Verve MGV-8340

오스카 피터슨은 그랜츠 산하 레이블에서 아무튼 많은 앨범을 냈기에 따라가는 것만으로 힘에 부친다. 리더 앨범만도 헤아릴 수 없을 정도인데, 각종 세션에서 리듬 섹션을 맡은 것까지 포함하면 거의 천문학적 숫자에 이른다.

DSM이 피터슨을 위해 작업한 재킷은 거의 클레프/노그랜 레이블의 것이고, 따라서 그 대부분이 바니 케슬이 기타리스트로 있던 시기의 오스카 피터슨 트리오의 연주다. 케슬이 나간 다음에는 허브 엘리스(기타)가 잠시 합류했고, 1959년부터는 엘리스의 빈자리에 드럼의 에드 시그펜이 들어옴으로써 기타가 고정 멤버이던 트리오 시대에 종지부를 찍게 된다. 시그펜이 합류한 이후의 시기에 DSM은 재킷 디자인 일을 거의 하지 않았다.

일본에서 오스카 피터슨 하면 시그펜이 합류한 후 드럼이 포함된 트리오의 것이 인기가 높다. 분명 1960년대 이후 피터슨의 성장은 괄목할 만하고, 버브에서 낸 《더 트리오 The Trio》나 《신청곡 받아요 We Get Requests》 등은 나의 오랜 애청반이기도 하지만(레이 브라운의 더블베이스를 무척 좋아하는지라), 그래도 DSM의 재킷을 입은, 기타가 포함된 트리오의 독특한 사운드 역시 내게는 — 때로 그 수다스러움에 진절머리는 낼지언정 — 무엇과도 바꿀 수 없는 소중한 존재다.

 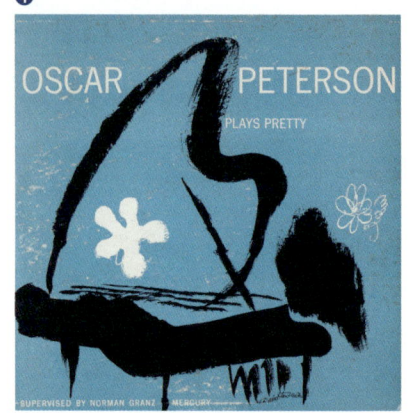

❸ 1949년 카네기홀 라이브에 피터슨은 레이 브라운, 버디 리치와 트리오로 출연했는데(아직 고정 트리오를 결성하기 전이다), 〈카네기 블루스 Carnegie Blues〉의 불꽃 같은 플레이가 좌우지간 압권이다. 브라운이 솔로를 맡는 일은 없고 피터슨 혼자 피아노 건반 위를 내달리고 있다. 아무리 달려도 성에 차지 않는다는 양. 객석도 우레와 같은 갈채.

❻❼ 《컬레이츠》는 지금까지 싱글 발매된 그의 연주를 그러모은(컬레이트한) 음반이다. 그래서 연주 멤버도 곡마다 제각각이다. 그중에는 피터슨이 미성을 들려주는 〈하지만 날 위한 건 아냐 But Not for Me〉도 들어 있

 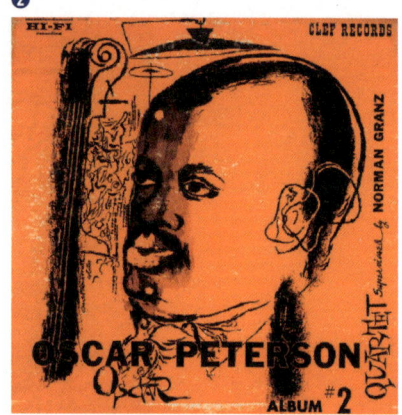

다. 다만 이 레코드 재킷 그림을 정확히는 DSM이 작업하지 않았다. '찰리 파커' 항목에서도 언급한 엘리자베스 도버와의 공동작업으로, 재킷에도 Dauber-Martin이라고 두 사람의 이름이 나란히 적혀 있다. 하지만 그림 자체는 어디로 보나 DSM이다. 그래서 여기 포함시켰다. 피아노를 운반하는 두 남자, 그 광경을 사내아이가 구경하고 있다. 멋지다.

❹ 아름다운 발라드만 모은 앨범으로, 어빙 애슈비가 기타를 맡은 트리오를 편성해 1952년 1월에 녹음한 것이다. 이때는 아직 케슬이 고정 멤버가 아니었다. DSM은 꽃무늬를 넣어 어떻게든 프리티한 무드를 내려고 애

썼다. 너무 거무스름해서 별로 귀여워 보이진 않지만.

❶❷ 그다음 달, 1952년 2월에 녹음된 〈콰르텟〉에는 케슬의 기타에 앨빈 스톨러(드럼)가 가세해 전작과는 확 달리 긴 곡을 활기차게 연주한다. 초기 피터슨의 대표작 중 하나일 것이다. 케슬도 컨디션이 아주 좋은데, 그후 고정 멤버로 채용된 듯하다. 이 재킷(앞면)에는 여느 때와 달리 DSM의 서명이 들어 있지 않다. 커다랗게 클로즈업된 피터슨의 얼굴. 잘 보면 귀 위에 기타 몸체 같은 선이 포개져 있다. 더블베이스와 심벌즈도 보이니까 아마 이게 기타일 것이다. 왠지 숨은 그림 찾기 같지만.

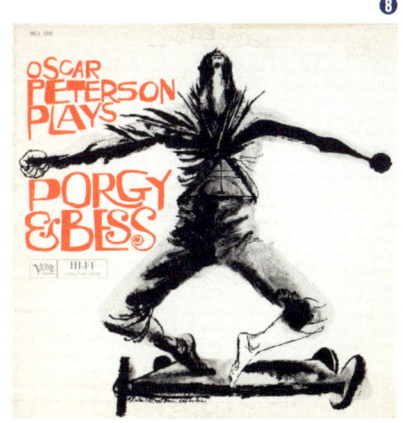

❺ 재킷에는 '피아노 솔로'라고 되어 있으나 실제로는 레이 브라운과 함께한 듀오. 1950년 3월 녹음. 그랜츠 산하에서 이뤄진 기념비적인 첫 녹음이다. 노먼 그랜츠는 자신이 몬트리올에서 피터슨을 '발견한' 경위를 라이너 노트★에 적었다. 그리고 '분명 누구라도 그를 좋아하게 될 것'이라고 단언했다. 확실히 참 잘 만들어진 레코드다.

★ 음반의 재킷이나 책자에 수록되는 해설.

피아노 이모저모

David Stone Martin
15

❶ James P. Johnson; New York Jazz — Stinson SLP-21
❷ Mary Lou Williams; And Orchestra — Stinson SLP-24
❸ Meade Lux Lewis; Boogie Woogie at the Philharmonic (10″) — Mercury MGC-506
❹ Teddy Wilson; The Creative Teddy Wilson — Norgran MGN-1019
❺ Hank Jones; Hank Jones' Piano (10″) — Mercury MGC-100
❻ Hank Jones; Urbanity — Verve MGV-8091
❼ Toshiko Akiyoshi; Toshiko (일본반) — Verve (일본Poly.MI-3005)

그랜츠는 자신이 '발견한' 오스카 피터슨에게 흠뻑 빠져서, 아트 테이텀은 특별 예외로 치더라도 다른 피아니스트에게는 어째 썩 관심을 두지 않았던 모양이다. 그런 연유로 클레프/노그랜 레이블에서 나온 피터슨 이외 피아니스트의 레코드는 의외일 만큼 적다. 그럼에도 테디 윌슨은 열 장이 넘는 앨범을 클레프/노그랜에서 제작했으니 그에게는 그랜츠도 그 나름대로 경의를 표했던 것이리라. 물론 JATP 같은 데는 내보내지 않았지만.

❶ 제임스 P. 존슨은 1894년에 태어난 전설의 피아니스트이며, 스트라이드 주법★으로 한 시대를 풍미했다. 패츠 윌러의 스승이다. DSM은 애시 레코드와 일할 때 이 재킷을 디자인했다. 악보를 옆구리에 끼고 길을 걸어가는 존슨의 모습. 매춘부인 듯한 여성이 그 광경을 지켜보고 있다. 사회주의 리얼리즘의 분위기를 짙게 남긴 화풍으로, 후기 DSM과는 분위기가 사뭇 다르지만 대담한 구도는 거의 변함없다. 재킷 뒷면에 눈에 익은 서명이 들어가 있다.

❷ 메리 루 윌리엄스는 재즈 피아노의 개척자 중 한 명인 여성 피아니스트. DSM과는 옛날부터 인연이 깊다. 돈 바이어스와 빅 디킨슨이 가세한 이 세션에서 바스락거리는 훌륭한 연주를 들려준다.

★ 왼손을 아치처럼 좌우로 크게 움직이며 연주하는 기법.

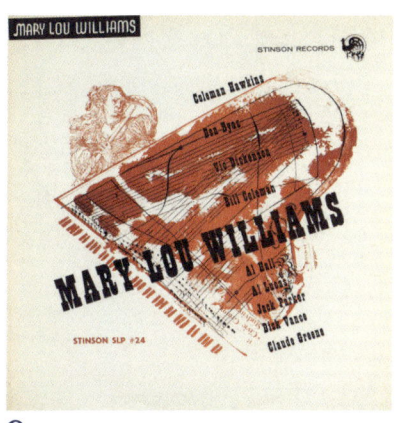

 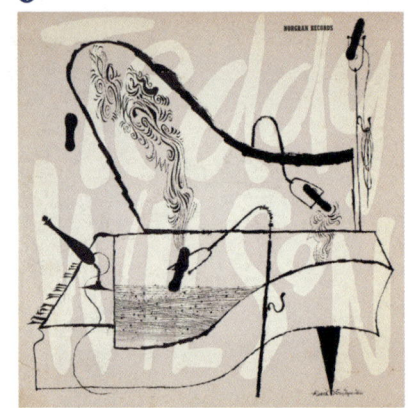

❸은 부기우기 피아노의 명장 미드 럭스 루이스가 1944년 7월 2일 JATP에서 연주한 솔로 네 곡을 10인치 레코드 한 면에 담은 것(오리지널은 애시에서 나온 SP반).

❹ 윌슨이 버브계에 남긴 최고의 앨범은 레스터 영과 함께한 《프레스 앤드 테디》, 피아노 트리오로는 《리듬을 타고 I Got Rhythm》 정도일 텐데 아쉽게도 DSM은 어느 것도 재킷을 담당하지 않았다. 그가 작업한 것은 이 앨범뿐이다. '여느 때와 다름없는' 단정하고 품위 있는 테디 윌슨으로, 완성도는 특히 좋지도 나쁘지도 않은 정도.

❺❻ 행크 존스는 전문가들이 좋아하는 재즈 피아니스트다. 깜짝 놀랄 만한 화려함은 없지만 센스 좋은 지적인 솔로를 들려준다. 또 리듬 섹션의 피아니스트로서도 너무 나서지 않으면서 착실히 연주를 진행해간다. 종종 그랜츠는 JATP에 존스를 내보냈으나 아무래도 '피터슨의 대역'이라는 인상이 늘 따라다녔다. 레코드를 많이 냈음에도 '이게 행크 존스지!' 싶은 결정적인 작품은 유감스럽게도 눈에 띄지 않는다. 굳이 꼽자면 캐논볼 애덜리의 《그 외 다른 것들Somethin' Else》 정도일까. ❺는 존스로서는 첫 녹음이다. 1947년에 녹음한 솔로 피아노 연주로, 이 시점에는 테디 윌슨의 영향이 아직 짙게 남아 있다.

❻ B면에는 10인치반 ❺를 그대로 담고, A면에는 조니 스미스(기타)와 레이 브라운이 가세한 트리오 녹음을 수록한 음반이다. 녹음은 1953년이고 전작에 비하면 상당히 '행크 존스다워'졌다. 이 앨범은 재킷 분위기가 상당히 농염하다. 매춘부인 듯한 여성이 창 너머 길을 내려다보고 있다. DSM은 종종 '매춘부인 듯한' 여성의 모습을 그렸다. 어째서일까? 깊이 내려가면 재즈와 매춘부가 전통적으로 이어져 있다고 생각했는지도 모른다. 어쨌거나 눈길을 끄는 재킷임은 분명하다.

❼ 아키요시 도시코가 입은 옷은 어떻게 보나 차이나 드레스로 일본풍

이 아니다. 뭐 그런 건 아무래도 좋고, 아키요시에게는 기념할 만한 데뷔 레코드인데다 내용도 훌륭하다. 1953년 JATP로 일본을 찾은 오스카 피터슨의 리듬 섹션을 빌려 도쿄에서 녹음했는데, 젊은 일본 여성의 이토록 강렬한 연주를 직접 본 미국인 뮤지션은 모두 말 그대로 놀라 쓰러졌다.

이 레코드는 일본반인데, 다른 레코드에 딸린 쿠폰을 모아야 받을 수 있는 특별판이라 당시 시판되지 않았기에 입수한 이래 소중히 들어왔다. 언젠가 오리지널 10인치반을 구하고 싶은데 좀처럼 (내가 생각하는 적정 가격으로는) 눈에 띄지 않는다.

라이어널 햄프턴
Lionel Hampton
비브라폰

David Stone Martin
16

❶ Quartet (10") Clef MGC-142
❷ Quintet featuring Buddy DeFranco (일본반) 일본Poly.POJJ-1589/90
❸ Lionel Hampton Big Band Clef MGC-670

라이어널 햄프턴은 레코드 시장 쪽에서 어째 인기가 없는 모양이다. 중고품점에서도 그다지 높은 가격이 매겨져 있지 않다. 비브라폰이라는 악기의 위대한 개척자이자 재즈사에 빛나는 전설이며, 남긴 작품의 질도 평균적으로 높다고 생각하는데 왜일까? 나는 그의 레코드를 꽤 즐겨 듣는다만.

어쩌면 햄프턴의 연주에 깃든 근본적인 낙관성 같은 것이 지금 와서는 다소 진부하게 느껴지는 탓일까? 하긴 그런 부분이 있을지도 모른다. 밀트 잭슨이 지닌 블루스풍의 그늘을 이 사람의 음악에서는 찾아보기 힘들다. 왠지 '활짝 갠 채 끝나버렸네' 싶은 부분이 있다. 하지만 그렇게 생각하면서도 듣다보면 '잘하네' 하고 절로 감탄한다. 명인의 기예라고 말하면 그뿐인지 몰라도 그것이 전부는 아닐 테다. 그것만으로는 전설이 되지 못한다. 이 사람이 음악을 대하는 마음에는 흔한 상식을 훅 꿰뚫고 나가는 면이 있다.

❶ 피터슨, 브라운, 리치 트리오를 거느린 연주. 〈사보이에서 춤을 Stompin' at the Savoy〉과 〈그대에게 가까이 The Nearness of You〉가 앞뒷면에 한 곡씩 담겨 있다. DSM의 일러스트는 햄프턴의 더없이 날랜 맬릿의 움직임을 시각화했다. 잘 보면 맬릿 중에 장갑을 낀 것이 한 쌍 섞여 있다. 끄트머리가 정사각형인 것도 있다. 이런(때로 어린아이 같은) 유머 감각도 DSM만의 개성이다.

❶  ❷

❷ 일본에서 편집한 두 장짜리 레코드. 지금까지 여러 LP에 흩어져 있던, 버디 디프랭코가 가세한 햄프턴 퀸텟의 연주가 한자리에 다 모여서 매우 편리하다. 리듬 섹션은 피터슨, 브라운, 리치. 녹음은 1954년 4월 13일에 여덟 곡이 전부 한꺼번에 이뤄졌다. 실로 재빠르다.

버디 디프랭코는 밥의 흐름을 도입한 모던파 백인 클라리넷 주자로, 아마 그를 베니 굿맨에 빗대어 기용한 밴드 편성일 것이다. 하지만 디프랭코는 굿맨과는 맛이 다른 약동적이고 핫한 즉흥연주를 들려주고, 햄프턴도 뒤질세라 불꽃 같은 솔로를 펼친다. 군데군데 '너무 나간 것 아닐까' 싶은 거친 장면도 보이지만 그건 그것대로 재미있다. 특히 〈오늘밤 너는 The Way You Look Tonight〉에서 디프랭코의 차분한 미디엄 템포 솔로가 출중하다. 또한 그것을 이어받는 햄프턴의 솔로는 실로 건강하게 스윙한다. 그리고 뒤이어 서로의 솔로를 빠져나가듯 절묘한 엮임. 이런 원숙한 어른의 음악이 '지나간 시절 음악'으로 은근히 외면당하는 것이 쓸쓸할 따름이다.

❸ 햄프턴은 빅 밴드를 조직해 그 유지에 심혈을 기울였다. 자신의 악기만으로 전부 표현할 수 없는 것을 밴드를 악기로 삼아 사람들 앞에서 실현하고자 했는지도 모른다. 거친 비트와 와일드한 질주감이 이 밴드의 매력이었다. 1954년 유럽 공연 당시 멤버는 클리퍼드 브라운, 아트 파머, 퀸시 존스, 지지 그라이스, 조지 윌링턴……이라는 으리으리한 구성이었다. 이 레코드가 녹음된 것은 이듬해인 1955년인데 당시의 유력 멤버는 이미 아무도 남아 있지 않다.

재킷 그림 또한 기묘하다. 술잔처럼 보이는 것을 오른손에 든 얼굴 없는 남자. 무릎 위에도 유리잔(처럼 보이는 것)이 하나 놓여 있다. 왼손은 기묘하고 부자연스러운 각도로 틀어져 등 뒤로 구부러진 채다. 그리고 역시 알전구가 하나 늘어뜨려졌다. 대체 무슨 의미가 담겼을까?

탤 팔로
Tal Farlow
기타

David Stone Martin
17

❶ A Recital Norgran MGN-1030
❷ The Tal Farlow Album Verve MGV-8138
❸ The Interpretations (일본반) Verve (일본Poly.MV-2032)

클레프/노그랜 레이블의 기타리스트라고 하면 우선 탤 팔로의 이름이 머릿속에 떠오른다. 오스카 피터슨 트리오에 바니 케슬이 소속되어 있었지만 어째선지 그랜츠는 그를 리더로 기용하는 일이 (거의) 없었다. 탤 팔로는 독특한 굵은 음색으로 유명하다. 조금 들으면 '아,
이건 탤이군' 하고 바로 안다. 음악평론가 유이 쇼이치는 '기다유★의 샤미센을 연상시킨다'고 평했는데 정말이지 그렇다. 탤은 클레프/노그랜에서 많은 앨범을 냈는데 하나같이 질이 높다. 비길 데 없는 테크니션이지만 1957년 무렵부터 재즈 무대에서 모습을 감추고(자세한 이유는 불명) 전설이 되었으나 1967년 돌연 부활해 녹슬지 않은 뛰어난 연주를 들려주었다. 악보는 전혀 읽지 못했다고 한다.

❶ 레드 노보 트리오에 합류했을 때 투어로 들른 서부 해안에서 녹음한 것. 밥 고든(바리톤), 빌 퍼킨스(테너), 밥 에너볼슨(밸브 트롬

★ 일본 고유의 현악기 샤미센의 반주로 이야기에 가락을 붙여 들려주는 것.

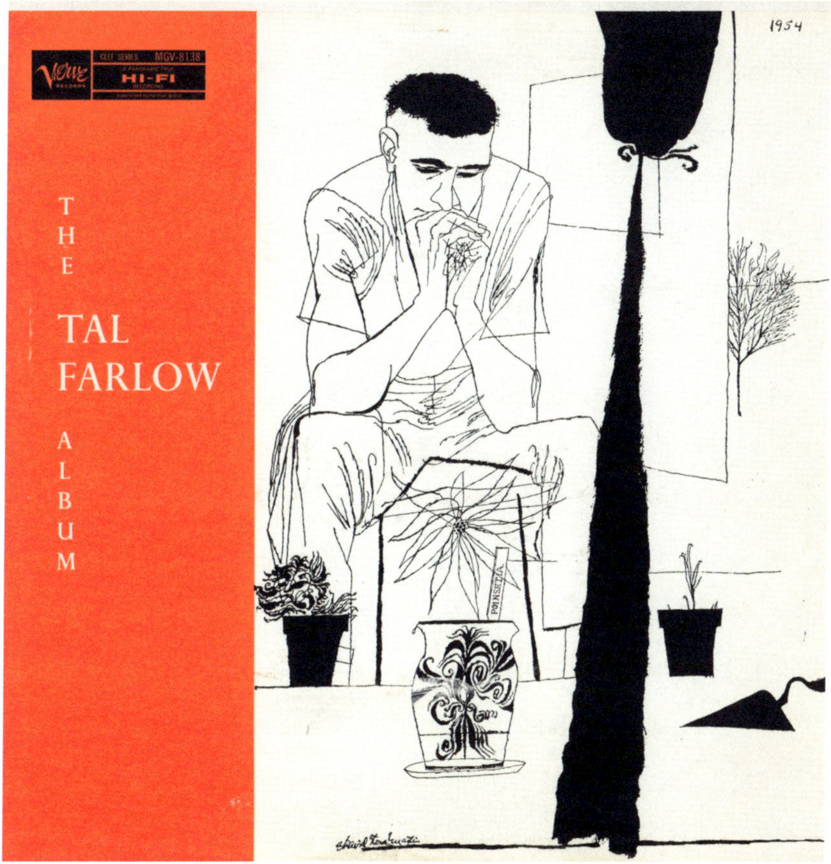
Verve RECORDS
CLEF SERIES MGV-8138
HI-FI
THE TAL FARLOW ALBUM
1954
POINSETTIA

2

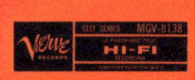

본) 등 솜씨 좋은 서부 해안 뮤지션들과 유쾌하게 연주한다. 아마 첫 대면이라 스튜디오에서 헤드 어레인지먼트★만 정하고 나머지는 적당히 다 함께 즉흥으로 연주했을 것이다. 예의바른 서부 해안 뮤지션 틈에서 탤은 여느 때의 굵직한 소리를 거침없이 왕왕 울린다. 호리호리하고 키가 큰 탤의 모습을 DSM은 기세 좋게 슥 그렸다. 손이 커 보이는데 실제로도 몹시 컸다고 한다. 이 때문인지 탤은 링컨과 풍모가 많이 닮았다는 말을 들었던 모양이다.

❷ 오스카 페티퍼드(더블베이스), 조 모렐로(드럼)라는 흥미로운 구성의 녹음(1954년 뉴욕). 배리 갤브레이스가 세컨드 기타로 합류한 것도 재미있는 조합이다. 스탠더드 곡 중심이지만 탤의 오리지널 곡 〈깁슨 보이Gibson Boy〉와 페티퍼드가 만든 명곡 〈블루스 인 더 클로젯Blues in the Closet〉이 끼어 있다. 페티퍼드의 더블베이스가 실로 능란히, 경쾌하게 스윙하는 탤의 등을 기분좋게 밀어주며 나아간다. 구세대의 훌륭한 더블베이스 주자들은 그게 자연스럽게 가능했다.

DSM은 포인세티아 화분을 지긋이 바라보는 청년의 모습을 그렸다. 아무래도 원예를 좋아하는 사람인가보다. 이 그림이 앨범 내용과 관계있는지는 알 수 없지만.

★ 악보 편곡에 의지하지 않고 구두로 결정해 연주하는 것.

❸ 이것도 ❶과 마찬가지로 서부 해안을 방문했을 때 녹음한 것. 아마 그랜츠가 편곡했을 것이다. 클로드 윌리엄슨(피아노), 레드 미첼(더블베이스), 스탠 레비(드럼)로 리듬 섹션을 구성했다. 레드 미첼과는 레드 노보 트리오에서 함께 연주했기에 마음이 잘 통한다. 짐작건대 화기애애한 세션이었으리라. 클로드 윌리엄슨은 '서부 해안의 버드 파월'이라 불렸는데, 시원시원한 피아노 스타일로 알려졌다. 수록된 전곡이 스탠더드로, 시종일관 느긋한 분위기에서 녹음을 마친 듯하다. 여기서 탤은 저음을 중심으로 평소보다 한층 더 굵직한 소리를 울린다. 탤 팔로가 세상을 떠난 뒤 이런 꼿꼿하고 올곧은 소리를 내는 기타리스트는 두 번 다시 나오지 않았구나, 하고 무심코 그리워진다.

파란색 기타를 연주하는 남자. DSM의 이 재킷 그림은 어딘지 피카소의 구도를 연상시킨다. 현을 한 줄만 그린 부분이 유니크하고 멋지다(현이 맞긴 할까?).

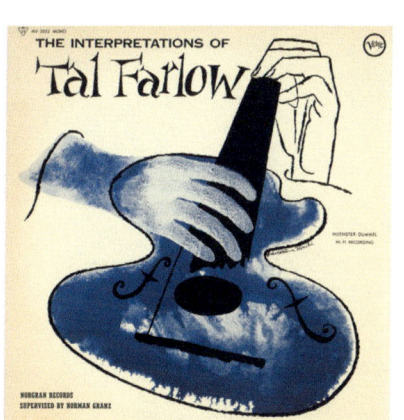
❸

진 크루파
Gene Krupa
드럼

David Stone Martin
18

❶ Gene Krupa Trio Collates (10") — Mercury MGC-121
❷ Gene Krupa Trio at JATP — Clef MGC-600
❸ Gene Krupa Quartet — Clef MGC-668
❹ Gene Krupa Sextet (10") — Clef MGC-147

그랜츠가 자랑하는 세 명의 전속 거물 드러머인 진 크루파와 버디 리치, 루이 벨슨. 이들의 공통점은 사뭇 화려한 드러밍을 선호한 것. 그리고 빅 밴드 경영에 집념을 불태웠던 것이다. 그중에서도 제일 화려했던 사람이 진 크루파. 원래 베니 굿맨 밴드에서 인기가 높아졌는데 독립해서 자신의 빅 밴드를 꾸렸다. 밴드는 경영 면에서 썩 성공하지 못했지만, 애니타 오데이와 로이 엘드리지가 합류했던 시기에는 높은 평가를 받았다. 게리 멀리건(당시 18세)도 한때 이 밴드에 합류해 악곡과 편곡을 제공했다.

❶의 재킷에서는 붓끝으로 커다란 검은색 원을 쓱 그린 것이 베이스 드럼이 되었다. 그 위에 심벌즈가 보인다. 무언가 수묵화의 세계 같다. 진 크루파 트리오는 찰리 벤투라가 각종 색소폰을, 테디 나폴리언이 피아노를 맡았다. 이 삼인조는 한 시대를 풍미했으나 지금 와서는 진부하다고 할까, 확실히 말해 '별로다'. 크루파는 한때 일본에서 '진 쿠루쿠루파'라고 불렸다. 그래도 재킷에 마음을 빼앗겨 레코드를 덜컥 사고 만다.

❷는 같은 트리오 멤버로 JATP에 출연했을 때의 연주. 박스 세트로 판매하던 것에서 따로 빼내어 12인치 LP 한 장으로 만들었다. 관객의 성대한 박수와 환성을 들으면 이 밴드가 청중의 열렬한 호응을 얻었던 것을 알 수 있다. 〈육체와 영혼〉에서 벤투라의 솔로가 꽤 매력적이다.

   이 레코드 재킷은 앞서 언급한 엘리자베스 도버와의 공동작업이다. 재킷에는 누구의 서명도 들어 있지 않지만 선도 그렇고 독특한 글자체도 그렇고 갓 없는 알전구가 늘어뜨려진 것도 그렇고, 그야말로 DSM의 세계다. 베이스 드럼 부분에 소가 미역감는 강가의 정경을 그린 세밀화가 덧붙어 있는데 무언가 의미가 있을까? 특별히 없다고 생각하지만.

   ❸ 크루파 악단이 어쩔 수 없이 해산한 후 스몰 캄보를 결성했던 시기의 음반. 멤버는 에디 슈(테너 색소폰), 바비 스콧(피아노), 존 드루(더블베이스). 크루파의 드럼은 대체로 자기 주장이 강하지 않아서 호감이 가지만 함께

한 뮤지션들이 저마다 몸집이 자그마한지라 완성된 음악에서도 딱히 신선함과 재미는 느껴지지 않는다.

이 재킷은 볼 때마다 크루파가 젓가락을 쥐고 "자, 지금부터 맛있는 걸 먹어볼까" 하고 기합을 넣는 모습처럼 보인다. 잘 보면 젓가락 모양이 이상하다고 할까, 물론 드럼스틱이다. 그래도 이 행복해 보이는 얼굴이 그의 인품을 말해주는지도 모른다.

❹ 이 육중주에는 베니 굿맨 밴드 시절의 동료 테디 윌슨이 가세하는데, 그것만으로도 분위기가 확 달라진다. 그의 솔로가 단숨에 음악을 차분하게 해준다. 과연이라고 할까, 역시 대단한 인물이다. 그 밖에도 벤 웹스터와 찰리 셰이버스, 빌 해리스, 레이 브라운이라는 호화로운 멤버들. 크루파의 드러밍은 꽤나 화려하긴 하지만 좋은 센스가 번득이는 부분이 적지 않아 즐길 수 있는 앨범이다. 수많은 드럼스틱이 허공에서 춤추는 재킷 그림도 멋지다.

❸

버디 리치와
루이 벨슨
Buddy Rich and Louie Bellson

드럼

David Stone Martin
19

❶ Buddy Rich; Sing and Swing with Buddy Rich   Norgran MGN-1031
❷ Buddy Rich; Buddy and Sweets   Norgran MGN-1038
❸ Louie Bellson; The Driving (10″)   Norgran MGN-1020
❹ Louie Bellson; Journey into Love   Norgran MGN-1007

버디 리치는 원래 드러머 겸 싱어로 활동을 시작했는데 도중에 '두 마리 토끼 쫓기'를 그만두고 드럼에 전념하기로 했다. 같은 시기에 역시 '노래하는 보이 드러머'로 활약했던 멜 토메이는 가수의 길을 택했다. 양쪽 다 아마 올바른 판단이었을 것이다.

하지만 버디도 드러머로 성공을 거둔 뒤 역시 노래가 그리워졌는지 가수로서 레코드를 몇 장 냈다. ❶은 제목에서 알 수 있듯 노래와 팔중주를 절반씩 담았다. 가수로서의 리치는 그 나름대로 잘하긴 해도 어째 개성의 심지 같은 것이 보이지 않아 계속 들으면 비교적 질린다. 그에 비하면 드러밍은 개성이 생생히 드러나서 훌륭하다. 스타일은 오래됐지만 음악은 의외로 낡은 느낌이 들지 않는 것이 이 사람의 장점이다. 〈버드 앤드 디즈 Bird and Diz〉의 화려무쌍한 드러밍이 좋은 예다. 일본에서는 버디 리치를 그다지 높이 평가하지 않는 듯한데 나는 개인적으로 좋아한다.

❷ 재킷에 희희낙락 드럼을 두드리는 리치의 모습이 생동감 넘치

❶

게 그려져 있다(빨간 셔츠에 빨간 라이드 심벌이 멋지다). 해리 에디슨과 버디 리치의 협연을 받쳐주는 이는 지미 롤스와 바니 케슬, 존 시먼스. A면과 B면의 각 첫 곡에서 버디는 꽤 길고 강렬한 드럼 솔로를 맡는데, 나머지 부분은 비교적 얌전하고 대체로 고상하게 그룹 플레이에  집중하고 있다. 그럼에도 이 사람의 압도적인 푸시력은 놓치려야 놓칠 수 없지만.

❸ 루이 벨슨은 엘링턴 악단에서 활약한 드러머다. 당시 흔치 않던 더블 베이스 드럼이 그의 트레이드 마크였다. 1950년대에 자신의 밴드를 이끌고 클레프/노그랜 레이블에서도 많은 녹음본을 남겼다. 이 앨범의 절반은 찰리 셰이버스(트럼펫)와 셀던 파월(테너)을 배치한 오중주에 나머지 절반은 다섯 퍼커션 연주자를 더한 오중주이고, 관악기는 플루트와 베이스 클라리넷이라는 좀 신기한 편성이다. 라틴 리듬을 추구한 야심작. 살짝 진기한 음악으로 듣기엔 꽤 재미있을지도.

❹ 재킷 그림의 화풍이 여느 때의 DSM과 다르다. '사랑으로의 여행 Journey into Love'이라는 제목에 맞춰 그렸을 것이다. 벌거벗은 남녀가 손잡고 우주의 파도 속으로 나아간다. 멀리 목성 같은 천체도 보인다. 어딘가 미대생이 그린 습작처럼 보이기도 하지만······

레코드 내용은 드라마처럼 꾸며졌는데, 우연히 만난 남녀가 서로 마음이 이끌리고 맺어진다는 줄거리다. 열 곡 중 여덟 곡이 벨슨의 오리지널이고, 거기에 만토바니 악단풍의 오케스트라 반주가 붙는다. 재즈 팬은 피해가는 편이 현명한 앨범이지 싶다. 1950년대에는 이런 기묘한(대개 주위에 폐가 되는) 실험 음악 같은 것이 꽤 유행했다. 나는 재킷이 목적이라 무심코 집어오고 말았지만. 어쨌거나 흔히 눈에 띄는 레코드는 아니다.

카운트 베이시
Count Basie

David Stone Martin
20

❶ Count Basie; Big Band (10")　　　　Clef MGC-148
❷ Baisie　　　　　　　　　　　　　　Clef MGC-666
❸ Count Basie Swings Joe Williams Sings　Clef MGC-678
❹ Dance Session #1 (일본반)　　　　　일본Verve MV-2608
❺ Dance Session #2　　　　　　　　　Clef MGC-647
❻ And His Orchestra (10")　　　　　　Clef MGC-120

버브 레이블의 카운트 베이시로 말하자면 《베이시 인 런던Basie in London》이나 《파리의 4월April in Paris》 같은 1950년대 중반 이후 것이 유명하지만 이 여섯 장은 1950년대 전반에 녹음된 것이다. 한때 어쩔 수 없이 밴드를 해산하고 클라크 테리, 워델 그레이, 디프랭코, 서지 챌로프 등 모던파 뮤지션을 맞아들인 스몰 그룹 중심으로 활동했던 베이시는 여기서 빅 밴드를 새로 결성해서 클레프 레코드와 계약을 맺고 심기일전해 처음부터 다시 시작하려고 했다. 밴드 스타일도 이전의 스타 뮤지션의 솔로 중심에서 편곡을 중시하는 연주로 이행해간다. 멤버의 주축은 프랭크 포스터와 프랭크 웨스라는 두 테너 주자, 이른바 '두 프랭크'다. 그리고 조니 맨들, 닐 헤프티, 어니 윌킨스 같은 솜씨 좋은 (당시의) 젊은 편곡자를 데려왔다. 이 클레프 시기 이후 베이시는 룰렛 레이블로 옮겨 더욱 승승장구하며 뛰어난 작품을 잇달아 내놓는다. 그러므로 클레프에서 남긴 몇 장의 앨범은 막 시동이 걸린 베이시 악단의 선명한 기록이라 해도 좋을지 모른다. 연주의 질은 높다.

❶ 지극히 DSM다운 심플한 선으로 묘사한 드럼. 그림 자체가 경쾌하게 스윙한다. 물론 안에 담긴 음악도 뒤질세라 풀 스윙한다.

❷ 재킷을 가득 채운 베이시 대장의 얼굴. 활력 넘치는 표정(귀만 허공

에 떠 있다)이 밴드의 사운드 자체를 드러내는 듯하다. 두 프랭크를 대대적으로 내세운 〈투 프랭크Two Franks〉가 분위기를 띄워서 즐겁다. 1955년 발매.

❸에서는 가수 조 윌리엄스가 두드러진다. 윌리엄스는 지미 러싱의 후계자로 당시 주목받은 젊은 흑인 가수다. 베이시 악단의 파워풀한 사운드에 뒤지지 않는 힘있는 가창이 매력이다. 목소리도 약동감 있고 당밀처럼 매끈하다. 그리고 확실히 제대로 된 블루스를 부를 줄 안다. 앨범에 수록된 아홉 곡 중 여섯 곡을 프랭크 포스터가 편곡했다. 이 재킷에도 베이시의 얼굴이 큼직하게 그려졌다. 음악에 귀기울

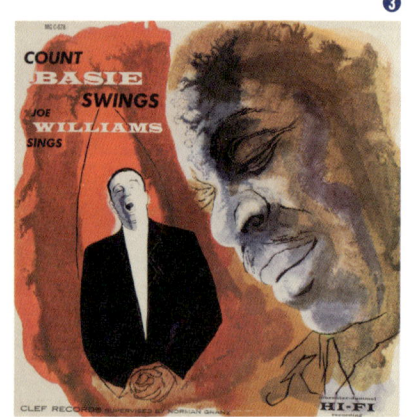

❹  ❺

이는 듯 눈을 감고 있다. 그 옆에 기분좋은 표정으로 노래하는 조 윌리엄스의 모습.

❹❺ 《댄스 세션Dance Session》 시리즈 1탄과 2탄. 1952년부터 1954년에 걸친 녹음이다. #2는 클레프 오리지널반을 손에 넣었지만 #1은 일본반이다. '댄스 세션'이라 내걸긴 했어도 딱히 댄스 음악에 특화되진 않았다. 언제나처럼 익숙한 카운트 베이시 뮤직이다. 물론 음악에 맞춰 춤추고 싶으면 그럴 순 있지만 결코 그것만을 위해 만들어진 음악은 아니다. 그랜츠는 라이너 노트에 '좋은 재즈란 춤출 수 있는 음악이고, 또 그래야만 한다. 그

리고 카운트 베이시는 그 사실을 증명하고 있다'라고 적었다. 그런 평화로운 시절이 그리 오래 지속되진 않았지만.

이 두 장에 수록된 곡은 대부분 앨범을 위해 새로 만든 오리지널로, 이른바 스탠더드 곡은 쓰이지 않았다. 이 시기에 베이시가 악단 경영에 진지했음을 잘 알 수 있다.

DSM은 이 시리즈를 위해 중세풍 옷을 입은 남녀가 춤추는 모습을 그렸다. 베이시의 음악과 어째 잘 어우러지지 않는 것 같지만 디자인은 멋지다.

❻ 1952년 녹음. 조 뉴먼의 트럼펫, 폴 퀴니셋과 에디 데이비스의 테너, 헨리 코커의 트롬본이라는 견실한 포진으로 경쾌하게 스윙하는 베이시 악단. DSM은 드물게 펜 대신 붓만 사용해 피아노를 연주하는 베이시의 모습을 대담하게 그렸다.

❻

딕시랜드 재즈
Dixieland Jazz

David Stone Martin

21

① George Lewis; Oh, Didn't He Ramble　　　Verve MGV-8325
② Kid Ory; Dance with Kid Ory or Just Listen　　Verve MGVS-6125
③ Kid Ory; Plays W. C. Handy　　　　　　　Verve MGV-1017
④ Santo Pecora; Collates　　　　　　　　　　Clef MGC-123
⑤ Al Hirt; Jazz Band Ball　　　　　　　　　Verve MGV-1012
⑥ Clancy Hayes; Sings　　　　　　　　　　Down Home MGD-3
⑦ Meade Lux Lewis; Cat House Piano (독일반)　독일Verve 511-041

그랜츠는 '딕시랜즈 재즈를 내가 좋아하는 음악이라고는 할 수 없다'라고 썼지만 그런 것치고는 트래디셔널 재즈 레코드도 열심히 제작했다. 당시 '뉴올리언스 재즈 부흥' 운동이 활발해서 그랜츠 역시 사업가로서 소비자의 취향을 무시할 수 없었는지도 모른다. 다만 경조부박輕佻浮薄하고 상업주의적인 딕시랜드 재즈는 참을 수 없다는 얘기다.

그런 의미에서 ❶의 조지 루이스는 그랜츠의 허용 범위에 쏙 들어맞는 뮤지션이지 싶다. 루이스는 벙크 존슨과 나란히 뉴올리언스 재즈의 전통 정신을 계승한 최후의 뮤지션 중 한 사람이다. 루이스(클라리넷)와 짐 로빈슨(트롬본)의 엮임이 내추럴해서 무척 좋다. 고등학교 시절, 일본을 방문한 조지 루이스 밴드의 연주를 들으러 갔던 걸 선명히 기억한다. 뉴올리언스 재즈의 팬은 되지 못했지만, 그것은 그것대로 마음을 파고드는 멋진 연주였다. 들어두길 잘했다.

❶

❷❸ 키드 오리는 조지 루이스보다 나이가 많은데, 굳이 말하자면 약동적인 인상을 준다. 새로운

❷  ❸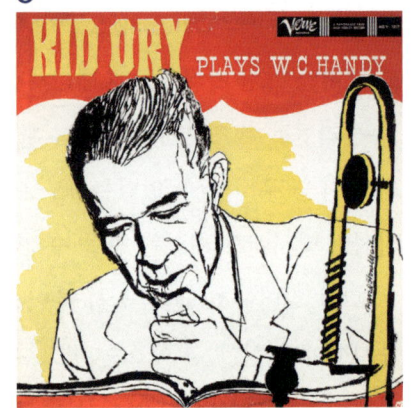

바람을 받아들이면서도 뉴올리언스 재즈의 전통을 조금이라도 좋은 형태로 계승하고자 노력한 사람이다. 트롬본의 슬라이드를 크고 넓게 움직이는 테일게이트 주법의 창시자로 통한다. 루이스나 존슨의 음악에 비하면 꽤 듣기 쉬운 뉴올리언스 재즈다(때로 다소 상업적인 방향으로 흘러가긴 했지만). 《플레이스 W. C. 핸디 Plays W. C. Handy》는 특히 훌륭한 내용으로 본격적인 연주를 선보인다.

그나저나 DSM이 뉴올리언스계 레코드 재킷을 상당히 '전심전력으로' 그렸다는 느낌이 든다. 이런 트래디셔널계 음악을 개인적으로 좋아했던 걸까.

❹ 샌토 페코라는 1920년대부터 뉴올리언스에서 활약했던 트롬본 주자다. 순수 뉴올리언스파. 실제로 그랜츠는 뉴올리언스까지 직접 찾아가 페코라의 연주를 듣고 강한 인상을 받았다고 썼다. 이 레코드는 1950년에 녹음된 것으로, 클라리넷은 피트 파운틴이 맡았다.

DSM의 재킷 그림도 훌륭하다. 행인 세 사람이 악기점 앞에 발을 멈추고 열심히 악기를 구경하고 있다. 한 명은 흑인 사내아이다(맨발이다). 또 한 명은 아마 목수인 듯 톱과 공구함을 들고 있다. DSM 그림에 악기점 진열창을 들여다보는 사람들의 모습이 곧잘 등장하는데, 당시 악기는 지금보다 한결 일상생활에 밀접했는지도 모른다. 음악 환경이 지금처럼 '연주하는 쪽'과 '듣는 쪽'으로 뚜렷이 분리되지 않았는지도 모르겠다. 그런 생각이 들게 하는 그림이다.

❺ 알 허트는 뉴올리언스를 중심으로 활동을 계속했던 백인 트럼펫 연주자다. 어린 윈턴 마살리스에게 트럼펫을 선물했다고 알려졌다. 아들이 트럼펫 연주자가 되고 싶어한다는 엘리스 마살리스★의 말에 허트는 곧바로 어린이용 악기를 선물했다. 마일스 데이비스는 "흥, 트럼펫은 간단한 악기가 아니야"라고 쌀쌀맞게 말했을 뿐이라는 데. 각자의 인품이 잘 드러나는 일화다.

★ 미국의 재즈 피아노 연주자.

❺

만화풍의 알 허트. 그림에도 있다시피 그는 'Dan's Pier 600'이라는 재즈 클럽에 본거지를 두고 연주했다. 버본 스트리트 한구석에 있는 곳이다. 여기서도 피트 파운틴이 클라리넷을 맡았다.

❻

❻ 노먼 그랜츠는 트래디셔널한 재즈를 위해 '다운 홈'이라는 레이블을 만들었는데 실제로 그리 많은 레코드를 발매하진 않았다. DSM이 디자인한 라벨은 꽤 근사하지만. 가수 클렌시 헤이스가 루 워터스 밴드의 반주에 맞춰 직접 밴조를 연주하면서 트래디셔널한 흑인 애창가를 즐겁게 노래한다. 멋진 재킷인데 색상도 도안도 JATP #13(174쪽 ⓬)과 거의 같다.

❼ 이 미드 럭스 루이스는 버브 레이블에서 1957년 발매된 MGV-1006의 독일반. cat house는 윤락업소를 뜻한다. 물론 재킷에 매춘부와 고양이가 등장한다.

그 밖의 악기

David Stone Martin

22

❶ Ralph Burns; Free Forms (10″) — Mercury MGC-115
❷ Ralph Burns; Among the JATPs — Verve MGV-8121
❸ Slim Gaillard; Opera in Vout (10″) — Mercury MGC-506
❹ Slim Gaillard; Mish Mash (10″) — Mercury MGC-126
❺ Django Reinhardt; The Great Artistry (10″) — Clef MGC-516
❻ Machito; Afro Cuban Jazz (프랑스반) — 프랑스Verve 817-445-1
참고 Tony Scott/Mat Matthews;
Jazz for G.I.'s (10″) — Brunswick BL-58057

❶ 랠프 번스는 작곡가/편곡가로 당시 높이 평가받았던 사람이다. 우디 허먼 악단 시절의 〈비주Bijou〉〈서머 시퀀스Summer Sequence〉〈이른 가을Early Autumn〉 등의 작품으로 이름을 크게 떨쳤다. 많은 레코드 회사가 앞다퉈 그에게 작곡과 편곡을 의뢰했다. 그래도 내가  아는 한 허먼 악단을 떠난 후 그의 작품에는 그다지 인상에 남는 것이 없었다. 스탠 게츠의 솔로를 넣은 〈이른 가을〉은 분명 재즈사에 남을 명곡(명연)이지만.

❷ JATP에서 활약하는 솔로이스트에게 랠프 번스가 저마다의 음악적 개성을 고려해 만든 오리지널 곡을 연주시킨다는 취지의 음반이다. 편곡도 물론 번스가 맡았다. 1955년 녹음. 주로 내세운 멤버는 오스카 피터슨, 플립 필립스, 로이 엘드리지, 지미 해밀턴, 빌 해리스, 레이 브라운, 루이 벨슨이다. 하지만 제공된 곡이 썩 재미있진 않아서 연주에도 그리 흥미가 일지 않는다. 당시에는 참신한 작풍이었는지 몰라도 지금 와서는 약간 따분하게

느껴진다. 다만 빌 해리스는 자기 페이스로 느긋하게 트롬본을 불어서 마치 오징어를 씹는 듯 감칠맛을 낸다.

악보를 쓰다가 녹초가 되어 침대에 뒹굴고 있는 사람은 번스일까? 시계가 12시 15분을 가리키고 있다. 아마 한밤중일 것이다.

❸ 슬림 게일러드(기타와 피아노, 그 밖의 악기)와 뱀 브라운(더블베이스)의 희극 무대. 둘이 악기를 연주하면서 우스운 노래를 부른다. 게일러드는 마음먹으면 진지한 재즈도 할 수 있는 사람이지만 이런 익살에도 능했다. 레코드로 들으면 썩 재미있다는 생각이 들지 않는데 객석은 몹시 들끓는다. 기예가 뛰어난 사람이었지 싶다. 1946년 4월에 열린 JATP에서 녹음된 것으로(같은 날 조금 앞서 빌리 홀리데이의 훌륭한 무대가 있었다!) 10인치반 한 면에 담겼고(오리지널은 애시에서 나온 SP반), 또 한 면은 미드 럭스 루이스의 부기우기 피아노 연주다(이쪽은 '피아노 이모저모' 항목을 봐주시라). 이 재킷에는 고양이가 무수히 등장한다. 전부 흰 고양이. 쥐도 일곱 마리 있는데 고

양이들은 눈길도 주지 않는다. 피아노에 페달 대신 자동차 기어가 달려 있다. 마치 중학생이 공책에 끄적인 낙서 같지만 무언가 즐거워 보인다.

❹ 슬림 게일러드가 그랜츠를 위해 연주했던 몇 개의 세션을 그러모은 것. 그랜츠는 라이너 노트에 '오늘날 음악 무대에서 게일러드만큼 다채로운 재능을 지닌 사람은 없다'고 썼다. 이 재킷에도 고양이가 잔뜩 나온다. 전부 열세 마리.

❺ 장고 레이나르트 그룹의 연주. 아마 프랑스 원반을 사들여 미국 내 판매권을 얻었을 것이다. DSM은 소년이 기타를 연주하는 광경을 그렸다.

자신의 아들을 모델로 삼았다고 한다. 레이나르트는 직접 만난 적이 없어서 분명 그리기 어려웠을 테다. 그래도 상냥한 따뜻함이 느껴지는 멋진 그림이다. 이 10인치반의 여덟 곡은 《파리에서 온 재즈Jazz from Paris》라는 버브의 12인치반 한 면에 담겨 있다.

❻ 마치토 악단에 찰리 파커, 플립 필립스, 버디 리치가 게스트로 참여한 연주. '찰리 파커' 항목에서 소개한 10인치반과 내용은 같다. 백인과 흑인이 각각 한 팔을 허공으로 치켜들고 있다. 배경은 불꽃같은 정열의 빨강.

참고 덤 하나 더. 《G. I.를 위한 재즈Jazz for G. I.'s》라는 브런즈윅 레

이블의 10인치 LP. 하지만 이건 글쎄, DSM의 그림이 아니다. F. 스콧이라는 서명이 있다. 그런데 ❷의 랠프 번스 재킷 그림과 무척 닮은꼴 아닌가?

컴필레이션

David Stone Martin
23

❶ Alto Sax   Norgran MGN-1035
❷ Tenor Saxes   Norgran MGN-1034
❸ Swing Guitars   Norgran MGN-1033
❹ Piano Interpretations   Norgran MGN-1036
❺ The Verve Collector's Item (일본반 box)   Verve (일본Poly.KA-8306)
❻ An Evening of Jazz (일본반)   Verve (일본Poly.POJJ-1571)
참고 Sonny Criss/Tommy Turk Collates (10")   Clef MGC-122

앞서 썼다시피 클레프/노그랜 레이블은 SP·EP·10인치반·12인치반 등 다양한 양식을 통해 음악을 개별적으로 상품화해왔고, 노먼 그랜츠는 자신이 보유한 녹음본을 기분에 따라 여기저기서 꺼내고 넣고 잘라붙이는 버릇이 있기에, 이런 컴필레이션에 수록된 트랙의 원래 세션을 찾아내기란 꽤 번거로운 일이다. 미발표 작품인지, 별개로 녹음했는지, 아니면 이미 나온 트랙을 그러모았는지, 재킷에는 설명이 전혀 없다. 불친절한 건지, 무책임한 건지.

❶ 알토 색소폰 컴필레이션에 수록된 뮤지션은 찰리 파커, 베니 카터, 조니 호지스, 윌리 스미스 네 사람. 밥 계열 피아니스트 도도 마머로자가 참여한 윌리 스미스 그룹의 흥미로운 네 트랙은 1947년에 녹음되어 머큐리 레코드에서 SP반으로 발매했다. 우수한 리듬 섹션과 함께한 스미스의 윤택하고 유려한 솔로가 매력적이다.

빨간색, 노란색, 검은색 알토 색소폰으로 채운 화사한 재킷이 눈길을 사로잡는다.

❷ 테너 색소폰 편에는 스탠 게츠, 레스터 영, 콜먼 호킨스, 플립 필립스, 일리노이 자케, 벤 웹스터, 찰리 벤투라 일곱 명이 이름을 올렸다. 그랜츠가 자랑하는 호화 중량급 테너진이다. 지미 롤스와 맥스 로치가 참여한 스탠

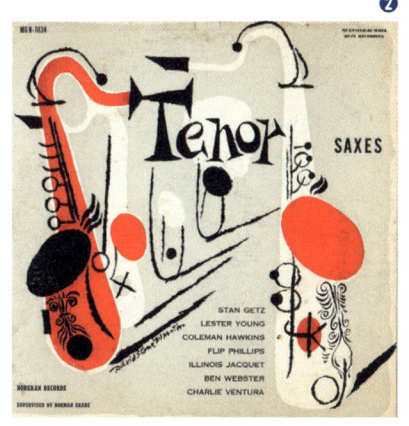
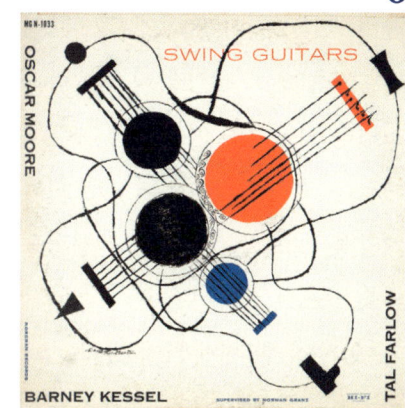

게츠의 두 트랙은 그 시점에 미발표 작품이었다. 호킨스의 두 곡은 특별 한 정반 SP 《더 재즈 신The Jazz Scene》을 위해 녹음된 것.

이 앨범 재킷에는 빨간색, 검은색, 흰색 테너 색소폰이 등장한다.

❸ 기타 편에는 탤 팔로, 오스카 무어, 바니 케슬 세 사람이 수록됐다. 탤 팔로의 곡은 《더 탤 팔로 앨범The Tal Farlow Album》에서 단순히 끌어다 썼지만, 무어와 케슬의 트랙은 (당시에) 미발표였던 귀중한 곡이다. 무슨 까닭인지 그랜츠는 케슬을 리더로 한 세션을 이 네 곡밖에 녹음하지 않았다 (1952년). 케슬이 서부 해안을 벗어나려 하지 않았다는 것이 아무래도 이

유인 듯한데, 이 앨범에서는 셸리 맨을 드럼으로 맞아들여 경쾌하게 스윙하는 즐거운 연주를 들려준다. 케슬은 그후 컨템퍼러리 레코드와 계약을 맺고 질 높은 리더 앨범을 계속 발표했다.

오스카 무어는 냇 킹 콜의 기타리스트로 이름을 알린 사람으로 센스 좋은 플레이를 들려주지만, 그랜츠는 그날 무어의 세션(1955년) 역시 네 곡밖에 녹음하지 않았다. 신기하다면 신기한 일이다. 무언가 사정이 있었는지도 모른다. 이 레코드 재킷에는 빨간색, 파란색, 검은색 기타가 포개지듯 그려져 있다.

❹ 피아노 편은 아트 테이텀, 버드 파월, 오스카 피터슨, 테디 윌슨이라는 간판 피아니스트를 모아놨지만 트랙은 하나같이 이미 발매된 것으로 특별히 새롭진 않다(고 생각한다). 다만 A면 다섯번째 곡과 여섯번째 곡에 윌슨과 파월이 연주하는 〈둘이서 차를 Tea for Two〉이 연이어 수록되어 있어 비교하면서 들으면 흥미롭다. 어느 쪽이나 우열을 가리기 힘든 뛰어난 연주다.

　알토 편, 테너 편, 기타 편, 피아노 편으로 구성된 이 네 장의 컴필레이션 앨범은 한 세트로 기획·디자인됐다. 레코드 번호도 이어져 있다.

　❺ 일본에서 편집한 네 장짜리 박스 세트. 그때까지 손에 넣기 힘들었던 버브계의 어중간한(그러나 귀중한) 음원을 한곳에 모아주어 무척 고마웠다. 라이너 노트의 설명도 친절하고 정성스럽다. 금색 재킷에 류트를 든 뮤즈의 모습을 묘사한 DSM의 멋진 그림이 사용됐는데, 10인치반《더 재즈 신》(Clef MGC-674)의 재킷에서 그대로 가져온 것이다.

　❻ 토미 터크(트롬본) 밴드와 소니 크리스(알토 색소폰) 밴드, 거기에 '더

식스'까지 이 세 그룹이 냈던 10인치반에 실린 연주들을 합쳐 12인치화한 음반인데 내용은 도무지 종잡을 수 없다. 현대의 대다수 리스너의 마음을 가장 사로잡는 것은 역시 소니 크리스가 연주한 네 곡이리라. 1949년 녹음으로, 소니도 피아노를 맡은 햄프턴 호스도 아직 젊은데다 밥의 영향이 흠뻑 배어 있다. 특히 소니는 파커와 꼭 닮았다.

재킷 속 낙타 세 마리가 꽤 유머러스하고 의미심장하다. 세 밴드가 제각각 마음 내키는 방향을 향하고 있다.

참고 덧붙이면 소니 크리스와 토미 터크의 오리지널 10인치반은 내가 아는 한 클레프 레코드 중 가장 무뚝뚝하고 손이 덜 간 디자인 재킷이었다. 참고를 위해 꼽아둔다.

빌리 홀리데이
Billie Holiday
보컬

David Stone Martin
24

❶ Billie Holiday Sings (EP)	Clef EP-145
❷ All or Nothing at All	Verve MGV-8329
❸ Recital	Verve MGV-8027
❹ Music for Torching	Clef MGC-669
❺ At Jazz at the Philharmonic (일본반)	Verve (일본Poly.MV-4025)

제일 좋아하는 여성 보컬리스트가 누구냐는 질문을 받으면 늘 대답이 궁해지고 만다. 나는 빌리 홀리데이를 재즈 보컬리스트로서 가장 높이 평가하지만, 그녀는 이미 차원이 다른 존재이기에 '제일 좋아한다' 같은 범주로 정말이지 분류할 수 없는 까닭이다. 뛰어난 보컬리스트는 세간에 많지만, 백 번 들어도 질리지 않는 가수는 빌리 홀리데이뿐이다.

내가 최고로 평가하고 애청하는 그녀의 레코드는 미국 컬럼비아에서 나온 두 종의 세 장짜리 LP 레코드(Golden Years #1, #2)인데, 노먼 그랜츠가 절실히 녹음을 계속한 만년의 앨범도 오래도록 소중하게 듣고 있다. 마약으로 목소리는 쇠했어도 그만큼 자연 그대로인 인간성의 심지 같은 것이 한결 두드러지기 때문이다. 물론 그것이 때로 듣는 이의 마음을 아프게 하지만.

DSM이 빌리 홀리데이의 앨범 그림을 그릴 때는 언제나 다소 감정을 드러내는 듯 보인다. ❶의 몹시 침울한 여인, ❺의 침대에서 울고 있는 벌거벗은 여인. 이런 구도

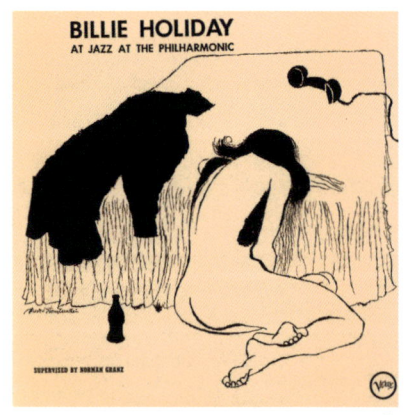

❺

❷

❸

는 DSM이 홀리데이의 노래에서 깊은 슬픔을 감지했음을 보여준다. 둘 다 진심이 담긴 훌륭한 일러스트레이션이다. 내가 예전에 이 재킷을 작은 사진으로만 봤을 때는 ❺의 그림이 울고 있는 벌거벗은 여인을 흑곰이 옆에서 바라보는 광경인 줄 알았는데, 나중에 곰이 아니라 벗어 던져둔 검은색 드레스임이 판명됐다. 곰이라면 재미있었을 텐데 하고 (실은) 지금도 생각하지만…… 이 여성은 아내 글로리아를 모델로 했다고 한다.

❷ 절망에 찬 얼굴을 양손으로 감싼 여성의 모습. 고뇌의 검은 그림자가 그 얼굴을 온통 뒤덮으려 한다. 1957년 녹음. 세상을 떠나기 이 년 전이다.

죽음을 향한 카운트다운이 이미 시작됐다. 그렇게 생각하며 레코드를 듣고 있으면 무언가 오싹한 것이 들리는 느낌이다.

❸에서 DSM은 빌리 홀리데이의 분노한 얼굴을 그리려 했다고 말한다. 그녀의 인생은 분노로 가득했으니까, 라고. 그렇다, 그녀의 인생은 분노해야 할 일로 흘러넘쳤다. 홀리데이는 이 앨범에서 자신의 옛 히트곡〈작은 달빛이 할 수 있는 일What a Little Moonlight Can Do〉을 다시 불렀는데, 현재와 과거의 목소리가 너무나 다른 데 무심코 전율하고 만다. 그렇다고 해서 결코 실망하진 않는다. 빌리 홀리데이는 언제나 빌리 홀리데이다.

재킷의 라이너 노트에 음악평론가 냇 헨토프가 이런 말을 썼다.

'그녀가 노래하는 것은 괴로움, 기쁨, 사랑, 실연 같은 단일한 감정 표현이 아니다. 그녀는 실로 다면적인 여성이다. 한 시간 동안, 하루 동안, 얼마나 다채로운 색조의 회색 그림자가 드리우는지를 그녀는 지금껏 차고 넘치도록 경험해왔다.'

❹

그야말로 딱 들어맞는 표현이다.

보컬 이모저모

David Stone Martin
25

❶ Ella Fitzgerald; These Are the Blues — Verve V6-4062
❷ Ella Fitzgerald Sings the Harold Arlen Song Book vol.1 — Verve V6-4057
❸ Mary Ann McCall/Charlie Ventura; An Evening with — Verve MGV-8143
❹❺❻ Fred Astaire; Story #1, #2, #3 — Mercury MGC-1001/02/03

❶은 블루스 곡만 모은 엘라의 앨범. '삼십 년 이상 레코딩을 했음에도 엘라 피츠제럴드는 드문 경우를 제외하고 기묘하리만치 블루스 곡을 다룬 적이 없었다'라고 노먼 그랜츠는 라이너 노트에 썼다. 그래서 이번 레코딩에서는 (어차피 한다면) 전통적 블루스 곡을 전통에 따라 '역사적으로 올바른' 방식을 택해 본격적으로 노래하기로 했다고. 반주에는 와일드 빌 데이비스의 오르간, 로이 엘드리지의 트럼펫, 허브 엘리스의 기타, 이처럼 특히 블루스를 장기로 삼는 뮤지션이 발탁됐다.

결과적으로 엘라는 충분히 건투했다. 이 사람은 어떤 스타일의 곡도 그 나름대로 잘해낸다. 하지만 경쾌하고 세련된 비밥 속에서 자란 그녀에게 이런 딥한 블루스는 아무래도 어깨가 조금 무거웠는지도 모르겠다. 듣고 있으면 왠지 '곡과 잘 어울리지 않는다'라는 인상을 걷어낼 수 없다. 다만 〈세인트루이스 블루스 St. Louis Blues〉는 열창했다.

❷ 엘라의 유명한 악곡집 시리즈. DSM은 그 가운데 《해럴드 알

린 곡집Harold Arlen Song Book》에만 재킷 그림을 제공했다. 내가 가진 것은 그중 1집. 일단 2집도 찾고는 있는데 이 레코드는 주로 두 장 세트(소책자가 딸려 있고 재킷에 앙리 마티스의 그림이 사용됐다)로 유통돼서 DSM 디자인 음반은 좀처럼 발견할 수 없다. 내용은 둘 다 훌륭하다.

❸ 이 재킷 그림은 10인치반 《찰리 벤투라 컬레이츠Charlie Ventura Collates》의 것을 그대로 가져왔다(내용은 같지 않다). A면이 메리 앤 맥콜의 노래 다섯 곡(반주는 벤투라 악단), B면이 노래가 빠진 벤투라 악단의 연주 다섯 곡으로 구성된다. 맥콜은 빅 밴드 전속 가수로 찰리 바넷과 토미 도시, 우디 허먼 밴드를 거쳤다. 그리고 이 레코드가 나온 시기에는 찰리 벤투라 악단 소속이었다. 피아노에 데이브 맥케너, 테너는 물론 벤투라. 맥콜이 특별히 노래를 잘하거나 깊은 맛을 내진 않는다고 생각하지만, 여러 밴드에 기용된 걸 보면 그 나름대로 분위기 있는 가수였을 테다. 1949년에는 음악잡지 「다운비트」의 '밴드 전속 여성 가수' 부문에서 상을 탔다. 앨 콘과 결혼했다.

❹❺❻ 프레드 어스테어는 물론 댄서로 유명한 사람이고 그에게 노래는 숨은 재주 같은 것이었다. 그럼에도 가수로서 레코드를 몇 장 냈다. 다만 본격적인 재즈 밴드와 함께한 것은 이 머큐리반(실질적으로는 클레프반)뿐이다. 오스카 피터슨 콰르텟에 찰리 셰이버스(트럼펫)

와 플립 필립스(테너)가 가세한 스몰 밴드다(그랜츠는 이 그룹을 JATP 무대에서 고스란히 빼왔다). 이 앨범에서 어스테어는 지금까지 출연한 뮤지컬 영화의 히트곡을 중심으로 선곡해 노래했다. 그중 두 곡은 노래 대신 탭 댄스로 참여했다. 노래를 특출나게 잘한다고 할 정도는 아니지만 목소리가 매끄럽고 아름다우며, 솔직한 가창에서 따뜻한 인간미가 어렴풋하게 느껴진다. 이런 대담하고 거침없는 기획을 설계하고 실현한 그랜츠의 역량에 탄복할 따름이다.

재킷 그림에서 춤추는 어스테어(로 보이는 사람)의 왼발 끝에 아주 자그맣고 겸손하게 dsm이라는 서명이 있다.

10인치반
(및 SP반) JATP

David Stone Martin
26

❶ Jazz at the Philharmonic	Stinson SLP-23
❷ Norman Granz' Jazz at the Philharmonic (EP)	Clef JATP vol.2
❸-1 Norman Granz' Jazz at the Philharmonic vol.3	Mercury MG vol.3
❸-2 Jazz at the Philharmonic vol.3 (SP)	Asch 353
❹ Norman Granz' Jazz at the Philharmonic vol.4	Mercury MG vol.4
❺ Norman Granz' Jazz at the Philharmonic vol.5	Mercury MG vol.5
❻ Norman Granz' Jazz at the Philharmonic vol.6	Mercury MG vol.6
❼ Norman Granz' Jazz at the Philharmonic vol.7	Mercury MG vol.7
❽ Norman Granz' Jazz at the Philharmonic vol.8	Clef MG vol.8
❾ Norman Granz' Jazz at the Philharmonic vol.9	Mercury MG vol.9
❿ Norman Granz' Jazz at the Philharmonic vol.10 (SP)	Mercury 2453/58
⓫ Norman Granz' Jazz at the Philharmonic vol.11	Mercury MG vol.11
⓬ Norman Granz' Jazz at the Philharmonic vol.13 (SP)	Mercury C-389/393
⓭ Norman Granz' Jazz at the Philharmonic vol.14	Mercury MG vol.14

JATP란 Jazz at the Philharmonic의 약자. 그때까지는 동료끼리, 혹은 작은 재즈 클럽 등에서 이뤄졌던 재즈 뮤지션들의 잼 세션★을 대형 연주회장에서 관객을 모아 펼친다는 취지의 콘서트다. 노먼 그랜츠라는 무명 청년이 그 아이디어에 착안, 지인에게 빌린 삼백 달러를 밑천으로 과감히 실행했다. 1944년 2월, 로스앤젤레스 필하모닉 오디터리엄에서 열린 콘서트는 성공적이었고, 이후 그가 주최하는 이런 형식의 콘서트를 Jazz at the Philharmonic(JATP)이라 부르게 되었다.

빈틈없는 그랜츠는 콘서트 현장을 녹음해(아직 SP 레코드 시대였지만) 애시라는 레코드 회사에서 스틴슨 레이블로 발매했다. 레코드는 화제가 되었다. 이윽고 그는 클레프라는 자신의 레이블을 설립해 이 콘서트들을 녹음한 레코드를 내게 되었다.

스타 뮤지션을 한데 모은 JATP는 전후 미국의 개방적인 세태를 반영해 인기를 끌었지만 점차 대중의 입맛을 좇는 색채가 짙어지고 비슷비슷한 연주가 반복되면서 결국 반응이 시들해졌다. 1957년을 마지막으로 미국에서 더는 흥행하지 않았다. 하지만 그랜츠는 JATP 시리즈 레코드를 다수 발매했고, 그것은 재즈사에 귀중한 기록이 되었다.

그랜츠는 레코드를 제작하긴 했지만 전국

★ 악보 없이 즉흥적으로 연주하는 모임.

적인 판매망이 없었기에 초기 JATP 시리즈는 머큐리 레코드에서 SP반과 10인치반으로 발매됐다. 그것들은 후일 그랜츠의 손으로 회수되어 버브의 12인치반 시리즈로 통합된다.

    DSM이 10인치반(과 SP반) JATP를 위해 재킷 그림을 그린 것은 주로 1940년대 후반으로(그후 박스 세트는 12인치반으로 이행해간다), 이 언저리가 그야말로 JATP의 황금시대라 할 수 있다. 그가 작업한 10인치반 재킷 그림을 보는 것만으로 무대의 즐거움과 떠들썩함이 고스란히 전해지는 듯하다. 그 그림들은 12인치반에 그대로 계승됐으나 오리지널 10인치반(SP반도 같

은 사이즈)이 지닌 독특한 분위기는 사라졌다.

❶ 기념비적인 JATP 1회 콘서트에는 하워드 맥기, 일리노이 자케, 찰리 벤투라 등이 등장했다. 레코드에 수록된 곡은 〈달은 어찌나 높은지 How High the Moon〉 〈오, 레이디 비 굿 Oh, Lady Be Good〉 두 곡. 이 레코드는 당시 노먼 그랜츠가 영업망을 빌렸던 스틴슨에서 발매됐다. 이때 처음으로 데이비드 스톤 마틴의 고명한 트럼펫 연주자 일러스트가 재킷에 사용됐다.

이 시리즈 가운데 재킷 면에서 문제가 되는 것은 7집(❼)으로, 재킷에 DSM이 아니라 멀 쇼어라는 서명이 들어가 있다. 멀 쇼어는 그랜츠를 위해

❹

❺

종종 일한 화가로서 많은 재킷 디자인을 작업했다. 컬러풀하고 서정적인 풍경이 특징이다. 하지만 여기서는 완전히 DSM의 화풍을 본떠 일러스트를 그렸다. 구도도 라인도 영락없이 DSM의 것이다. 아마 엘리자베스 도버 여사의 경우와 마찬가지로 DSM과 긴밀한 공동작업으로 완성된 게 아닐까 싶다. 그래서 일단 DSM의 작업 중 하나로 여기 꼽아두었다. 재킷 디자인은 예술작품인 동시에 상업작품이기에 이 정도 일은 충분히 일어날 수 있다.

또한 8집(❽) 재킷에는 디자이너의 서명이나 크레디트가 보이지 않는다. 그러니까 DSM이 이 재킷 디자인에 관여했는지는 불확실하다. 다만 참

❻

❼

고를 위해 실어둔다.

이 8집에 담긴 〈퍼디도〉(1947년 녹음)는 JATP 시리즈 중 가장 잘 알려진 연주다. 매력은 일리노이 자케와 플립 필립스가 펼치는 와일드한 테너 추격전으로, 그다지 품위 있는 연주라고는 할 수 없으나 객석은 환호의 도가니다. 하워드 맥기가 연발하는 화려한 하이 노트도 현장을 달군다. 마치 현대의 야외 로큰롤 콘서트처럼(어쩌면 그 기능이 비슷했는지도 모른다).

또 4집(❹)에 수록된 〈레스터 립스 인Lester Leaps In〉에서도 일리노이 자케의 테너 색소폰으로 기적처럼 울리는 소리를 또렷이 들을 수 있다. 청중

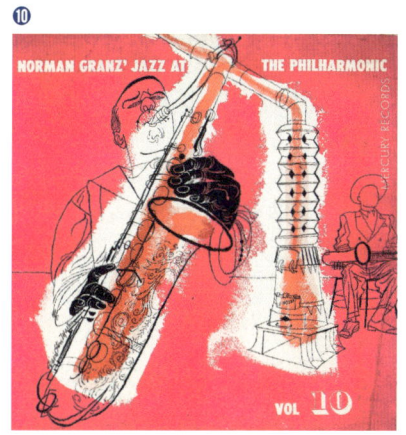 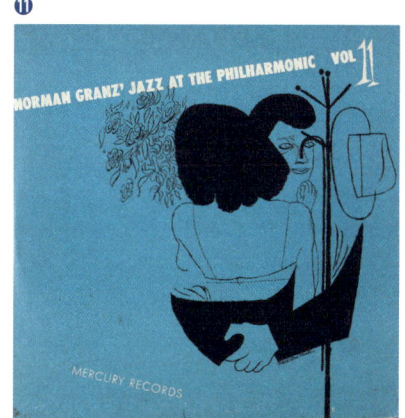

은 열광하지만 지금 재즈 팬의 감각으로 보면 악취미라고 말할 수밖에 없다. 이런 얄팍한 절규 플레이가 전반적으로 JATP 음악의 질을 쇠퇴시키고 사람들도 점차 싫증나게 한다.

그러나 그런 대중의 입맛에 맞춘 보여주기식 음악 틈바구니에서 레스터 영이나 찰리 파커, 콜먼 호킨스, 벅 클레이턴 등 성실한(진짜) 재즈인들이 참여한 연주에는 진지하게 귀기울여야 할 지점이 있다. 그들은 무대 위에서 사람들에게 조금이라도 아름다운 음악을 들려주고자 타협 없이 전력을 다했다. 냇 콜이나 행크 존스 같은 피아니스트도 수수하지만 틀림없이 훌륭한 몫을 했다. 그런 기록이 레코드라는 형태로 후세에 남겨진 것이 재즈 팬에게 무엇보다 고마운 일이다. 그리고 그런 사람들이 절규형 뮤지션에 밀려 무대 위에서 존재감이 차츰 옅어진 것은 안타깝기 그지없다.

그렇지만 JATP라는 형식은 종래 스윙계의 베테랑 연주자와 밥의 세례를 받은 젊은 연주자가 어깨를 나란히 하고 교류하는 장을 마련해주었고, 그것은 짐작건대 양쪽에게 귀중한 체험이 되었다. 또한 JATP가 대대적인 콘서트 형식으로 대중에게 재즈를 보급함으로써 재즈 뮤지션들은 경제적 여유를 얻게 되었다(출연료가 꽤 고액이었던 모양이다). 그리고 그랜츠는 흑인

⑫

⑬

뮤지션과 백인 뮤지션을 같은 무대에 세워 동등하게 대접함으로써, 또 객석의 세그리게이션(인종 분리)을 거부함으로써 음악의 장에서 인종 차별을 배제하려고 진지하게 노력했다. 그런 몇 가지 면에서 재즈사에 남긴 그의 공적은 더 높이 평가되어야 할 것이다.

12인치반
JATP

David Stone Martin

❶ Volume 1
  (How High the Moon, Oh Lady Be Good, etc.)　　Verve MG vol.1
❷ Volume 2 (I Can't Get Started, Crazy Rhythm, etc.)　Verve MG vol.2
❸ Volume 4 (JATP Blues, I Got Rhythm, etc.)　　Verve MG vol.4
❹ Volume 7 (Lester Leaps In, Embraceable You, etc.)　Verve MG vol.7
❺ Volume 11 (The Blues, The Modern Set, etc.) 2LP　Verve MG vol.11

7집까지는 10인치반이 12인치반으로 옮겨졌다. 12인치반 한 장에 10인치반 두 장분이 담겨 있다. 11집은 독자적인 구성이다.

JATP 연주는 끝에서 끝까지 전부 성실하게 듣다보면 무의미한 곡예 같은 부분도 제법 있어서 상당히 피곤하다. 경청할 가치가 있는 것만 선택해 간추려서 듣는 일이 중요해진다.

❶에서 들을 만한 것은 역시 찰리 파커의 훌륭한 솔로가 들어간 〈오, 레이디 비 굿〉일 테다. 파커에 이어지는 레스터 영의 테너 솔로도 깊이 있고 여유롭다. 이렇듯 JATP 무대는 중간파와 밥 계열이 뒤섞여 연주하는 귀중한 교류의 장이기도 했다. 그들은 결코 서로를 배척하지 않았다.

또 이 1집 레코드 재킷에는 멀 쇼어가 디자이너로 이름이 올라가 있다. 하지만 DSM의 트럼펫 연주자 일러스트가 들어가 있기에 일단 DSM 컬렉션에 넣었다.

❷에서는 〈말을 꺼내지 못해서 I Can't Get Started〉가 들어볼 만하다. 하워드 맥기의 화사한 솔로에 이어

❶

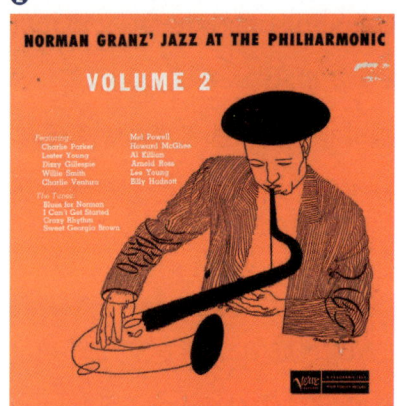

레스터 영이 출중한 플레이를 펼친다. 그리고 찰리 파커와 윌리 스미스의 솔로도 훌륭하다. 레스터가 만들어낸 친밀한 음악의 공기는 그대로 유지된다. 마지막의 화려무쌍한 앨 킬리언의 트럼펫 솔로는 약간 흥을 깨지만.

❸ 4집은 위대한 두 테너 거장 콜먼 호킨스와 레스터 영의 협연이 매력적이다. 특히 〈그대여, 내가 졌어요 I Surrender Dear〉에서 두 사람의 솔로는 깊이 집중해서 귀담아들을 만하다. 〈JATP 블루스〉에서는 찰리 파커부터 벅 클레이튼, 그리고 레스터 영으로 이어지는 호화 릴레이가 귀를 사로잡는다. 그후 등장하는 콜먼 호킨스도 마이 페이스로 차분한 솔로를 들려준다. '레

스터 다음이니까……' 같은 경쟁의식은 보이지 않는다.

❹ 7집은 DSM의 디자인이 근사하다. 허공을 나는 두 테너 주자의 장렬한 배틀. 10인치 재킷 디자인(172쪽 ❾)을 그대로 가져다 썼는데, 모델은 일리노이 자케와 플립 필립스인 듯하다. 〈레스터 립스 인〉에서 필립스의 강경한(다소 거친) 솔로의 뒤를 잇는 레스터는 느긋하고 편안하면서도 감정이 풍부한 솔로를 들려준다. 수많은 관중을 앞에 둔 무대에서 그런 일이 가능한 인간은 짐작건대 레스터뿐일 것이다.

발라드 〈끌어안고 싶은 그대Embraceable You〉 중 로이 엘드리지로부터 파커로 넘어가는 부분도 훌륭하다. 1949년 녹음. 업 템포의 〈더 클로저The Closer〉도 즐겁다. 첫머리에서 필립스가 약간 과하지만(관객의 반응은 좋다) 레스터의 여느 때 없이 뜨거운 솔로가 멋지다. 엘드리지가 하이 노트를 화려하게 날리고, 이어서 파커가 아름답게 날아오른다.

'이 앨범을 듣는 당신의 두 발이 절로 바닥을 두드리면 좋겠군요. 제가 그랬듯이요'라고 노먼 그랜츠는 라이너 노트에 썼다. 분명 기세 넘치고 완성도 높은 앨범이다.

❺ 11집은 두 장짜리 LP다. 녹음은 1955년. 자케, 영, 필립스 세 테너가 함께 무대에 오른다. 그리고 엘드리지와 길레스피의 트럼펫 콤비. 다만 이

❺

날 레스터 영은 컨디션이 별로 좋지 않다. 왠지 몸이 무거운 것 같다. 〈더 블루스〉의 솔로도 어째 날카로운 맛이 없고, 발라드 메들리 〈시간마저 잊고서 I Didn't Know What Time It Was〉도 평소의 팽팽한 활기가 보이지 않는다. 이 발라드 메들리에서는 필립스의 〈내 모든 것 All of Me〉도 어딘가 굼실굼실해서 썩 신통치 않지만, 자케의 〈부드럽게 Tenderly〉가 의외로(라고 하면 좀 그렇지만) 들을 만하다. 엘드리지의 〈말을 꺼내지 못해서〉는 시원시원한 연주다. 그리고 길레스피는 〈나의 옛 연인 My Old Flame〉을 더없이 여유롭고 낭랑하게 불어댄다. 완벽하다.

박스 세트
JATP 등

David Stone Martin

❶ Norman Granz' Jazz at the Philharmonic vol.10 (3LP)　　Verve MG vol.10
❷ Norman Granz' Jazz at the Philharmonic vol.15 (3LP)　　Clef MG vol.15
❸ Norman Granz' Jazz at the Philharmonic vol.16 (4LP)　　Clef MG vol.16
❹ Norman Granz' Jazz Concert #1 (2LP)　　Norgran JC #1
❺ Norman Granz' Jazz
　 at the Philharmonic 1940's (일본반 3LP)　　일본Verve MV-9070/2
❻ JATP in Tokyo (일본반 3LP)　　일본Verve MV-9061/3

클레프의 박스 세트는 부서지기 쉽고 금방 분해되어 수집가를 울리기 일쑤다. 잘 보존된 박스 세트는 좀처럼 손에 넣기 힘들다.

1950년대에 들어서면 JATP도 미묘하게 색채가 달라진다. 노먼 그랜츠는 거물 뮤지션을 무대에 죽 늘어세운 잼 세션을 JATP의 매력으로 삼았지만, 그 밖에 고정 그룹의 각종 세트도 마련해 관객이 물리지 않도록 애썼다. 통상 한 장짜리 LP는 잼 세션이 주체가 되는데, 공간에 여유가 있는 박스에는 그런 '각종 세트'도 수록 가능하다. 아마 그런 연유로 박스 세트 JATP도 차츰 늘어났을 것이다.

이를테면 ❷ 15집(세 장짜리)에는 여느 때의 잼 세션은 한 장뿐이고, 나머지 두 장은 각각 오스카 피터슨 트리오와 진 크루파 트리오라는 레귤러 밴드의 연주다. 잼 세션도 회를 거듭하면 멤버 교체는 다소 있어도 결과물이 대체로 비슷해지기에 구성을 달리해 그때그때 변화를 꾀해야 했을 것이다. 그런 '각종 세트' 대다수는 나중에 독립된 LP로 발매됐다.

❶ 10집은 1954년 콘서트를 녹음한 것이다. 레귤러인 오스카 피터슨 트리오, 이 트리오에 뛰어난 클라리넷 주자 버디 디프랭코와 버디 리치를 더한 'JATP 퀸텟', 거기에 또 라이어널 햄프턴을 더한 'JATP 섹스텟'의 연주가 중심이 된다. 피터슨은 계속 등장하며 꽤 혹사당한다. 연주는 빈틈없

❶
❷

이 충실하지만. 여기서도 역시 잼 세션 부분은 LP 한 장뿐이다.

❸ 16집은 1953년 콘서트의 녹음. 레스터 영 퀸텟과 오스카 피터슨 트리오의 연주가 가장 흥미를 끈다. 레스터는 최상의 컨디션은 아닌 듯한데, 그럼에도 질주감 있는 생생한 재즈를 들려준다. 특히 〈레스터 립스 인(여기서는 제목이 'Lester Gambols')〉의 솔로가 훌륭하다. 뒤잇는 〈원 어 클락 점프〉의 잼도 상당히 좋은 분위기다(영도 함께했다). 개인적인 의견을 말하자면, 찰리 파커와 레스터 영이 사라지자 JATP는 매력이 확 떨어지고 만다. 그들에게는 '뻔한 일'을 그저 뻔하지 않은 일로 만들어버리는 힘이 있었다.

16집에서 DSM은 남국(처럼 보이는 곳)의 카페에서 테이블을 머리 위로 들어올려 운반하는 두 명의 이국적인 웨이터를 그렸다. 알맹이인 음악과는 영 무관해 보이지만.

❹는 공식적으로 JATP가 아니라 '노먼 그랜츠 재즈 콘서트 #1'이라는 명칭이 달려 있다. 1950년 9월 카네기홀에서 열린 콘서트의 라이브 녹음이다. 하지만 실질적인 내용은 JATP와 거의 다르지 않기에 시리즈의 하나로 넣었다. 참고로 이 콘서트는 첫 회 한 번으로 끝나고 말았다. 아마 그랜츠 자신도 JATP와 뭐가 다른지 잘 알 수 없었던 게 아닐까. 여기서 주목할

것은 역시 〈찰리 파커 위드 스트링스〉의 실연판일 것이다. 파커, 훌륭하다.

이 레코드는 박스가 완전히 분해되어 박스만 일본 재발매반으로 새로 구입했다. 알맹이는 오리지널 노그랜반. 일본에서 만든 박스는 튼튼해서 다행이다.

❺❻ 박스 세트 재킷은 일본에서 제작한 것으로 DSM의 디자인은 아니지만 그의 트럼펫 연주자 일러스트가 대대적으로 사용됐기에 여기 가져왔다. 그나저나 언제 봐도 실로 '멋들어진' 일러스트다.

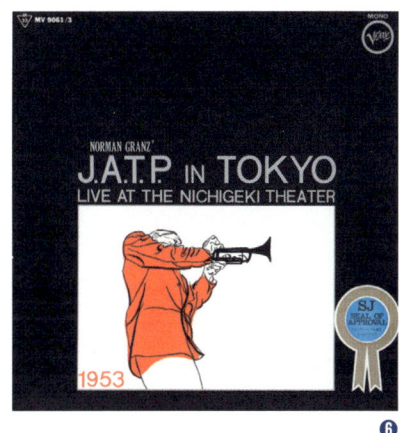

❻

# 노먼 그랜츠 잼 세션

David Stone Martin

❶ Jam Session #1   Clef MGC-4001
❷ Jam Session #2   Clef MGC-602
❸ Jam Session #3   Verve MGV-8051
❹ Jam Session #4 (일본반)   Verve (일본Poly.MV-1130)
❺ Jam Session #5   Clef MGC-4005
❻ Jam Session #6   Verve MGV-8054
❼ Jam Session #7   Clef MGC-677
❽ Jam Session #8   Verve MGV-8094

JATP의 출연 멤버를 고스란히 스튜디오로 데려가 관객 없이 잼 세션을 하고, 그것을 그대로 레코딩하자는 그랜츠의 아이디어로 시작된 이 시리즈는 LP 아홉 장까지 계속됐지만, 이윽고 잼 세션이라는 형태에 사람들이 지겨움을 느끼면서 인기를 잃고 거기서 종료됐다.

그 아홉 장의 레코드 재킷을 전부 DSM이 디자인했다. 하나같이 힘이 담긴 작품이지만 특히 빼어난 것이 #1과 #2(같은 날의 세션)를 위해 그린 뮤지션 군상으로, 각 연주자의 인품이 배어나는 훌륭한 인물 스케치다. 재킷을 바라보는 것만으로 즐겁다. DSM의 베스트 작품 중 하나로 꼽혀야 할 재킷이다.

이 잼 세션의 가장 큰 매력은 뭐니 뭐니 해도 뮤지션 조합이 주는 재미일 것이다. 이를테면 #1과 #2에서는 찰리 파커, 조니 호지스, 베니 카터의 알토 색소폰 협연을 들을 수 있다. JATP만큼의 경쟁의식은 없고 굳이 말하자면 화기애애한 분위기인데, 그럼에도 어떤 긴

❷

장감은 감돈다. #3과 #4의 스탠 게츠와 워델 그레이의 협연도 다른 데서는 좀처럼 들을 수 없는 조합이다. 하지만 그러는 사이 모이는 얼굴이 대체로 비슷해져서(일리노이 자케와 플립 필립스가 단골, 리듬 섹션은 매번 피터슨 트리오) 의외성과 신선미가 옅어졌다.

재킷을 보면 #5는 뮤지션들이 모여 있는 방 바닥에 죽은 닭처럼 보이는 것이 널브러져 있다. 옆에는 흰 고양이가 한 마리(잠들었을까?). 창 너머에서 흑인 소년이 안을 들여다보고 있다. 바닥에 놓인 모기향처럼 빙글빙글 감긴 것은 대체 무엇일까? 꽤 수수께끼다. #8의 재킷에도 검은 고양이가 한

마리 바닥에 누워 있다. 트럼펫을 부는 사람이 둘, 그저 귀기울이고 있는 사람이 하나. 고양이는 가만히 누워 얌전히 음악을 듣고 있는 걸까?

#7은 스튜디오의 책상 위에 어질러진 물건. 주스인지 맥주인지 모를 빈 캔이 흩어져 있고, 담배꽁초와 종이 성냥, 모자며 악기도 어수선하게 놓여 있다. DSM은 분명 녹음 스튜디오를 찾아가 이런 광경을 스케치해나갔을 것이다. 흔한 광경이지만 DSM이 쓱쓱 그리면 그곳에 이야기가 만들어진다.

이 '잼 세션' 시리즈 재킷에서 DSM은 하나같이 검은색 선과 붓만 사용했다. 그리고 배경에 단색을 곁들였을 뿐, 그 이상의 색은 일절 쓰지 않았

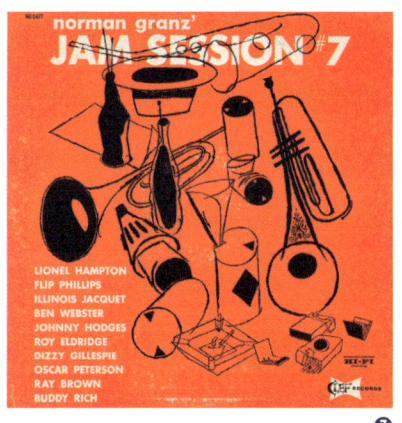

193

다. 하지만 그것만으로 이런 깊은 맛이 나는 일련의 디자인을 만들어내다니 역시 대단하다. 새삼 감탄하고 만다. 손에 들고 바라보기만 해도 멋진 음악이 들려오는 듯하다.

클레프/노그랜/버브 외 DSM이 디자인한 재킷

David Stone Martin

30

❶ Will Bradley/Bobby Byrne; Dixieland Jazz　　Grand Award GA 33-310
❷ Al Klink/Bob Alexander; Progressive Jazz　　Grand Award GA 33-325
❸ Jazz Concert (프랑스반)　　프랑스Columbia FPX-126
❹ Harry Belafonte;
　　Love is a Gentle Thing (일본반)　　RCA Victor (일본Victor LS-5133)
❺ Various; Singin' the Blues　　Camden CAL-588
❻ Woody Herman; At Carnegie Hall 1946 (10")　　MGM E-158
❼ Coleman Hawkins; Sirius　　Pablo 2310-707

DSM은 1940년대부터 1950년대에 걸쳐 그랜츠가 제작한 레코드에 입힐 다수의 재킷을 디자인했는데, 특별히 전속 계약을 맺진 않았고 다른 일도 자유로이 할 수 있는 입장이었던 듯하다. 하지만 그런 것치고는 그 시기에 클레프/노그랜 이외 레코드 회사를 위해 작업한 재킷은 손에 꼽을 정도다.

❶❷ 그중 몇 장이 '그랜드 어워드'라는 작은 레코드 회사를 위해 그린 그림이다. 이넉 라이트(자신의 이름을 붙인 악단을 거느리고 있었다)가 창립한 이 회사는 재킷 디자인에 꽤 공을 들였기에 유명 화가에게 그림을 의뢰하는 방침을 택했다. 1955년 전후의 일인데, DSM이 이 회사를 위해 그린 그림(전부 테두리가 있다)은 클레프/노그랜의 재킷과 비교하면 색채가 한결 선명하다. 의도적이었을까? 이 회사의 레코드는 별로 인기가 없어서 미국 중고 레코드점에서는 대체로 염가로 팔리지만 잘 보면 내용이 제법 재미있는 것이 있다.

❸ 이 레코드는 덴마크 중고품점에서 발견했다. 한눈에 당연히 클레프의 레코드이겠거니 했는데, 사 온 뒤에 알아보니 프랑스 컬럼비아가 그랜드 어워드의 앨범(GA 33-316) 권리를 사들여 DSM의 그림에서 테두리를 걷어내고 새로 디자인한 것이었다. 그렇게 하니 영락없이 클레프의 레코드 같

은 분위기가 난다. A면이 디지 길레스피가 가세한 콜먼 호킨스 밴드, B면이 호킨스가 가세한 조지 올드 밴드의 연주다. 대단히 알차다. 두 면 다 아폴로의 10인치반이 원반이다.

❹ 해리 벨라폰트의 레코드(RCA Victor)는 재즈가 아니다. 로맨틱한 러브 송을 모아 벨라폰트가 오케스트라 반주에 맞춰 사랑스럽게 불렀다. 솔직히 말해 그리 재미있는 음악이라고는 할 수 없다(어디까지나 개인적인 감상이지만). 어째서 DSM이 이 레코드 디자인을 작업하게 되었는지는 알려진 바 없다. 하지만 재킷에 틀림없이 서명이 있다. 이 그림도 클레프/노그랜의

❶

❷

JAZZ CONCERT

starring:
**COLEMAN HAWKINS
DIZZY GILLESPIE
GEORGIE AULD
BEN WEBSTER
CHARLIE SHAVERS
... and others**

body and soul
feeling zero
yesterdays
disorder at the border
woody'n you
du dee daht
porgy
salt peanuts
pick up boys
I can't get started
taps miller
concerto for tenor

앨범 재킷에 비하면 훨씬 컬러풀하다.

❺ 레너드 페더가 기획해 제작한 컴필레이션 레코드. 여러 가수의 노래로 흑인 블루스의 역사를 계통적으로 더듬어간다. 구석구석까지 눈길이 닿은 탄탄한 선곡으로 훌륭하게 들려준다. 캠던은 RCA의 자회사이고, 주로 염가반을 발매했다. DSM이 어째서 여기서 일하게 되었는지 그것도 알려진 바 없다. 뛰어난 내용의 레코드이긴 하지만.

❻ 우디 허먼 악단이 1946년 카네기홀에서 개최한 콘서트. 당시 허먼 악단은 '허드'라 불리며(나중에는 '퍼스트 허드'라 불린다) 지대한 인기를 누

렸다. 플립 필립스, 피트 캔돌리, 빌 해리스, 소니 버먼, 레드 노보 같은 실력 있는 스타 뮤지션이 전부 모였고, 편곡자로는 닐 헤프티와 랠프 번스가 포진해 있다. 밥과 스윙을 솜씨 좋게, 사람들이 알기 쉽도록 합체했다. 지금 와서는 대단히 재미있는 음악 같진 않은데(왠지 시끄러울 뿐) 당시에는 엘링턴 악단, 베이시 악단과 더불어 높은 평가를 받았기에 카네기홀 객석을 가득 채울 수 있었다. 이 레코드는 MGM에서 1952년에 발매됐는데 DSM과의 접점은 역시 알려진 바 없다.

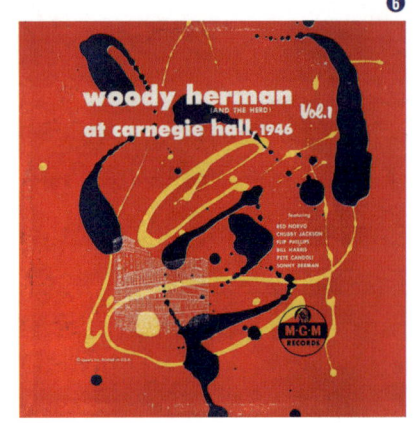

❼ 시작하는 말에도 썼다시피 버브 레이블을 MGM에 매각한 노먼 그랜츠는 1973년 자신의 레이

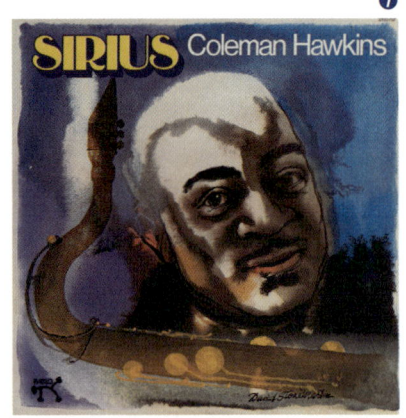

블인 파블로를 창설하고, 콜먼 호킨스의 앨범 《시리우스》 디자인을 DSM 에게 의뢰한다. 하지만 DSM과 그랜츠의 작업은 이 한 장으로 끝나고, 이후 파블로의 레코드 재킷은 대부분 흑백사진을 사용한다. 이 《시리우스》 재킷도 훗날 사진을 사용한 것으로 변경된다. 결국 이 앨범이 DSM과 그랜츠가 함께한 최후의 작품이 되었다. 앨범 발매는 1974년이지만 녹음은 1966년이다.

이후 DSM이
디자인한 재킷

David Stone Martin

❶ Warne Marsh/Sal Mosca; How Deep/How High   Interplay IP-7725
❷ Derek Smith; Love for Sale   Progressive 7002
❸ Buddy DeFranco; Like Someone in Love   Progressive 7014
❹ Arnett Cobb; Funky Butt   Progressive 7054
❺ Hank Jones; Arigato   Progressive 7004
❻ All Star Tenor Sax Spectacular   Progressive 7019
❼ Sonny Stitt; Meets Sadik Hakim   Progressive 7034
❽ Derek Smith; The Man I Love   Progressive 7035
❾ Don Friedman; Hot Knepper and Pepper   Progressive 7036
❿ Kenny Davern; Live Hot Jazz   Statiras SLP-8077
⓫ Jørgen Svare; Body and Soul (덴마크반)   덴마크Olufsen DOC-5022

1970년대 전반 무렵부터 DSM은 재킷 디자인 일을 정력적으로 재개한 듯하다. 주로 프로그레시브 레이블을 위한 작업이었다. 프로그레시브는 1950년대에 존재했던 전설적인 재즈 레이블인데(그 인상적인 회사명 로고도 DSM이 디자인했다) 창시자가 오랜만에 부활시켰다. 내용은 역시 본격적인 재즈. 옛날부터 친했던 DSM에게 재킷 디자인을 의뢰했고 화가는 쾌히 수락했다. 그리고 모든 재킷은 아니지만 어느 정도 분량을 소화하는 데 동의했다.

여기에 소개하는 재킷은 그 작업물 중 일부일 뿐이지만(특히 열심히 수집하진 않았기에), 보다시피 그림 스타일이 클레프/노그랜 시기에 비하면 분위기가 사뭇 다르다. 보다 컬러풀해지고, 선이 더욱 부드러워지고, 사람들 얼굴도 한결 인간적이다. 그만큼 디자인 면에서 날카로움은 어느 정도 후퇴했는지도 모른다. 예리한 맛이 사라졌다고 할까……

하지만 옛날과 지금을 비교하는 건 의미 없는 일일 것이다. 흐르

❶

는 세월은 사람을 바꾸고, 살아가는 법을 바꾸고, 문체나 화풍을 바꿔나간다. 그 흐름을 거스르기란 불가능하다. 옛것은 옛것, 지금 것은 지금 것으로 그대로 받아들여나갈 수밖에 없다.

❶ 일본인 음반 제작자 다에나카 도시야가 캘리포니아에서 프로듀싱한 앨범으로 1979년에 발매됐다. 재킷에 원 마시와 살 모스카의 얼굴이 그려져 있다. 다에나카가 설립한 인터플레이 레이블에는 이 외에도 DSM이 디자인한 재킷이 몇 장 있는 듯한데 상세한 사항은 알 수 없다. 나는 원 마시와 살 모스카를 옛날부터 좋아하기에 레코드점에서 이 음반을 발견하고 집어왔는데 재킷이 DSM의 디자인임을 알아차린 건 한참 훗날이다.

❷에서 ❿까지는 전부 프로그레시브 레이블에서 발매된 것. 대개 1970년대 중반부터 1980년에 걸쳐 제작됐다. 클레프/노그랜 시기에는 거

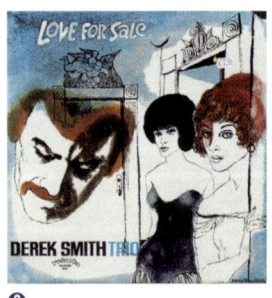

❷

❸

❹

의 모든 뮤지션과 낯을 익혔지만 새로운 세대의 뮤지션은 얼굴을 모르는 사람이 많아서 대부분 사진을 보고 그렸다고 한다. 이 역시 이전 작업과 다른 점인지도 모른다.

여기 꼽은 레코드 중 내용 면에서 제일 내 마음에 드는 것은 돈 프리드먼(피아노)이 지미 네퍼(트롬본)와 페퍼 애덤스(바리톤)를 맞이한 세션 ❾다.

과거의 하드 밥을 방불케 하는 핫한 연주를 처음부터 끝까지 마음껏 즐길 수 있다. 조지 므라즈와 빌리 하트의 리듬 섹션도 훌륭하다.

❸ 한 가지 더, 탤 팔로(기타)가 가세한 버디 디프랭코의 퀸텟 연주도 뛰어나다. 1977년 녹음이지만 두 사람 다 왕년의 광채를 조금도 잃지 않았다.

❷ 《러브 포 세일Love for Sale》에는 매춘부처럼 보이는 두 여성의 모습이 그려져 있다. 앨범 제목이 '러브 포 세일'인 만큼 뭐 뜬금없진 않은데 DSM은 역시 매춘부를 그리는 걸 꽤 좋아했는지도 모른다. 열쇠가 꽂힌 채 닫힌 문도 그가 즐겨 그리는 소재다.

❿ 프로그레시브 레코드의 하위 레이블인 스태티러스를 위해 DSM이 그린 일러스트. 심플한 흑백 도안이지만 그 독특한 선에 날카로움보다는 따뜻한 유머 감각이 짙게 배어 있다. 이 레이블의 로고 역시 DSM이 작업했다.

⓫ 덴마크 레코드사 올루프센을 위해 DSM이 디자인한 앨범. 클라리넷

주자 예르겐 스바르가 이끄는 콰르텟 연주. 내가 알아본 바 이 레코드사에서 DSM의 그림을 사용한 앨범이 이것 말고는 눈에 띄지 않았다. 매우 느낌이 좋은 클라리넷 연주가 담겨 있다. 덴마크의 기타무라 에이지라고나 할까.

**DAVID STONE
MARTIN**

**MURAKAMI
HARUKI**

옮긴이 **홍은주**
이화여자대학교 불어교육학과와 동 대학원 불어불문학과를 졸업했다. 일본에 거주하며 프랑스어와 일본어 번역가로 활동하고 있다. 옮긴 책으로 무라카미 하루키의 『도시와 그 불확실한 벽』 『기사단장 죽이기』 『일인칭 단수』, 다자이 오사무의 『인간 실격』, 미야모토 테루의 『등대』, 델핀 드 비강의 『실화를 바탕으로』 등이 있다.

문학동네 세계문학

데이비드 스톤 마틴의 멋진 세계

1판 1쇄 2025년 11월 3일 | **1판 2쇄** 2025년 11월 17일

지은이 무라카미 하루키 | **옮긴이** 홍은주
책임편집 고선향 | **편집** 송원경 박신양
디자인 백주영 | **저작권** 박지영 형소진 주은수 오서영 조경은
마케팅 정민호 서지화 한민아 이민경 왕지경 정유진 정경주 김혜원 김예진 이서진
브랜딩 함유지 박민재 이송이 박다솔 조다현 김하연 이준희
제작 강신은 김동욱 이순호 | **제작처** 천광인쇄사(인쇄) 신안문화사(제본)

펴낸곳 (주)문학동네 | **펴낸이** 김소영
출판등록 1993년 10월 22일 제2003-000045호
주소 10881 경기도 파주시 회동길 210
전자우편 editor@munhak.com
대표전화 031)955-8888 | **팩스** 031)955-8855
문학동네카페 http://cafe.naver.com/mhdn
인스타그램 @munhakdongne | **트위터** @munhakdongne
북클럽문학동네 http://bookclubmunhak.com

ISBN 979-11-416-1297-9 02830

잘못된 책은 구입하신 서점에서 교환해드립니다.
기타 교환 문의 031)955-2661, 3580

www.munhak.com